ALTARS of POWER and GRACE
Create the Life You Desire
By Robin and Michael Mastro
© 2004 Robin and Michael Mastro
Japanese translation rights arranged by Geoff Leach

© 2007 Sun Choh Publishing.
Authorized translation of the English edition

© 2004 Robin and Michael Mastro.
This translation is published and sold by
permission of Balanced Books Publishing,
the owner of all rights to publish and sell the same.

インド風水の祭壇 アルター

宇宙のエネルギーを引き寄せる

豊かさ、愛、健康、スピリチュアリティなど
8つの願いを叶える神秘の力

ロビン&マイケル・マストロ 著

谷平 トモコ 監修

瓜本 美穂 翻訳

本書によって、あなたの心が
日常生活における神聖さを受け入れ、
あなたに平和と調和と恵みの祝福が
もたらされることを、心から望みます。

アルターを創る

谷平 トモコ

　近年、人びとのスピリチュアリティの高まりとともに、マスコミや本やイベントなどを通して多くのスピリチュアルな考え方を目にする機会がふえてきました。それらは、主に夢を叶えるもの、成功を導くもの、豊かさを引き寄せるものなど、人生を幸せにするために心得ておく事柄をわかりやすく紹介しています。

　特に心に強く欲しいものをイメージさせる方法が、その正しさと手軽さから多く紹介されていますが、よほど熟練した人か、もともと才能のある人でなければ自分の夢に向かって一直線にイメージを強く持つことは難しいかもしれません。普通は「本当に叶うのかな？」「私の考えていることは現実的ではないかもしれない…。」などと心が揺れ動き、夢は叶うと信じ続けられる人の方が少ないのではないでしょうか。

　アルター（祭壇）には、揺れ動く心を支え、癒し、希望をもち続ける力を与えてくれる秘密が隠されています。心の中のイメージだけに頼らず、望むものを連想させるようなアイテムや象徴的な像を使って創られるアルターは、自分の望むものに向けて心を常に開いておくための、重要な鍵として役目を果たしてくれるのです。

　また、アルターが本来持っている最も重要な役割は、広大な宇宙が持つ豊かなエネルギーを引き寄せることにあります。一人が願う力は小さくても、大きな宇宙が味方になり力を貸してくれるとしたら、叶わない夢などあるでしょうか。欲しいものや状況に合わせて、宇宙に呼びかける方角や色彩、マントラやヤントラなどを選ぶことで、宇宙エネルギーを引き寄せる強力な装置として手助けをしてくれるのです。

　すでに強く願う気持ちとイメージングが完璧で、多くの幸運とチャンスに恵まれているならば、本来はアルターのような道具は必要ないのかもしれません。しかし、もし、今よりももっと夢を叶えていきたい、幸せな人生を送りたいと望んでいるのであるならば、それはアルターを創るのにふさわしい人です。

まずは手始めに1つの願いを叶えるためにアルターを創ってみてください。その経験はあなたに自信を与え、新しい世界へと導いてくれることになるでしょう。

アルターに備わる2つの役割
1. 心を支え、癒し、夢を現実に導く力を与える役割
2. 宇宙のエネルギーを引き寄せる強力な装置としての役割

目次

1 神聖な力を得るための知識

chapter 1 愛と成功の祭壇：アルターの生い立ち　13

chapter 2 ヴァーストゥ・シャーストラ：科学と歴史　19
科学との調和／古代の目を通して見た世界／5つのエレメント

chapter 3 希望と夢：アルターを創るまえに　25
8方角とそれぞれに対応する願い／方角の意味／願望と方角とそれぞれに対応する色

chapter 4 5エレメントを表現する：使用するアイテムとその配置　31
エレメント／空間をつくる／心に触れる／最重要エレメント

chapter 5 夢と希望を実現するプロセス　39
アルターに活力を吹き込む／無限の可能性のための空間をつくりましょう／
自分のアルターを準備する／感謝の気持ちが原動力となる／
わたしたちは大きなパワーを持っている／意思をかたちにする／
アルターに活力を吹き込む活性化テクニック／ヤントラとそれに対応するマントラ／
望みや夢を宇宙に伝える／エネルギーボールのテクニックをもちいた現実化の儀式／
かなめ石をもちいた活性化の儀式／アルターのお手入れ

2 願いを叶える聖なるアルター

はじめに　53

chapter 6 豊かさと成功を導くアルター　55
豊かさの流れ／配置／豊かさと成功を導くアルターのアドバイス／活力を吹き込む儀式／
豊かさと成功のアルターに対するもの／豊かさの宇宙エネルギーと結びつく／
シンプルでもパワフル／宇宙の答え／旅があなたを待っています

chapter 7 運命の人と出会うための愛のアルター　65
心の願い／配置／愛のアルターのアドバイス／活力を吹き込む儀式／愛のアルターに対応するもの／
愛情のこもった関係／職場での女神／ニコールの物語／信念を持ち、心を解放しつづける

chapter 8 仕事で活躍するためのアルター　79
成功の祝福／配置／仕事で活躍するためのアルターのアドバイス／活力を吹き込む儀式／
仕事で活躍するためのアルターに対応するもの／宇宙の力を味方につける／
自分自身を取り戻す母親の物語／開かれる成功への扉／限りない恵みを受けとる

chapter 9　健康を向上させるアルター　　93
いろいろなレベルで癒す／配置／健康と幸せな暮しのアルターのアドバイス／
活力を吹き込む儀式／健康と幸せな暮しのアルターに対応するもの／勇気と信じる心の物語／
新しい生命を宿す希望／ある男性の親友のためのアルター／無限に与えられる

chapter 10　スピリチュアルな能力を高めるアルター　　105
スピリチュアリティとのつながり／配置／スピリチュアリティのアルターのアドバイス／
活力を吹き込む儀式／スピリチュアリティのアルターに対応するもの／感謝のしるし／
スピリチュアリティへの道／望めばすぐそこに

chapter 11　人生の転機を乗り越えるための好転のアルター　　117
魂の人生レッスン／配置／好転のアルターのアドバイス／活力を吹き込む儀式／
人生の転機を乗り越えるための好転のアルターに対応するもの／変化を受け入れる／
時間の変化、役割の変化／嵐のなかの静けさとなる

chapter 12　創造性と知識を高めるアルター　　129
溢れだす情熱／配置／創造性と知識のアルターのアドバイス／活力を吹き込む儀式／
創造性と知識のアルターに対応するもの／ある作家の物語／新たな展望からの知恵／さらに深く知る

chapter 13　宇宙と人びとによるサポートのアルター　　141
サポートを請う／配置／宇宙と人びとによるサポートのアルターのアドバイス／活力を吹き込む／
宇宙と人びとによるサポートのアルターに対応するもの／やる気を創りだす／宇宙のサポート／
けっして独りではない

chapter 14　特別な行事を祝うためのアルター　　153
団結を敬う時間／新しい命の贈りもの／命は恵み／あらゆる時間を祝う／あなたが恵みそのもの

chapter 15　地球平和のアルター　　159
世界平和のためのアルター

3　巻末資料

用語解説　　166

神、女神、そのほかの神々　　171

ヤントラとマントラ　　176

参考図書　　179

参考ウェブサイト　　188

神聖な力を得るための知識

chapter 1

愛と成功の祭壇：アルターの生い立ち

文明が開化して以来、人びとは神聖な場所にアルターや聖堂を作り、目に見えない精霊に呼びかけ、神々に祈りを捧げ、生命を導いてくれる神秘的な力に信心を表してきました。教会や寺院など確立された宗教のものとして礼拝や宗教儀礼、霊的な儀式などが行われてきましたが、近年宗教に関わらず個人で祭壇を作ることで神秘的な力を与えられ、成功を手にする人たちが徐々に増えてきていると言われています。

　この本は誰でも簡単に神秘的な力が与えられるヴァーストゥ・シャーストラ（インド哲学）の原理を基にした祭壇の作り方をお伝えするために生まれました。
　ヴァーストゥ・シャーストラとは、人びとが宇宙のエネルギーと調和し、インスピレーションや恵みを受け取るために環境を整える方法を示すガイドラインであり、太古よりインドの人びとの生活に影響を及ぼし続け現在にいたります。
　長年、夫のマイケル・マストロとわたしロビンは、ヨーガや瞑想、そのほか精神的気づきテクニックをアートオブリビング財団（人道的奉仕を目的とする人道主義非営利団体）の活動の一部として指導してきました。1970年代半ば、建築学科の大学院生だったマイケルは、高名な精神指導者マハリシ・マヘーシュ・ヨーギーから、インドとヨーロッパ、そして米国に設けるスピリチュアル・センターをヴァーストゥ・シャーストラの原理を利用して設計してくれないかと依頼されました。それを発端に、以来30年ほどのあいだに西洋におけるヴァーストゥ・シャーストラの芸術・科学のリーダー的存在のひとりになりました。マイクロソフト社の最初

> ご紹介するアルターは
> 豊富な
> インスピレーションや、
> 様々な恵みを受け取り、
> そして夢を叶えることを
> 助けるための神聖な
> 場所として
> 考案されています。

のビルの環境志向を設計する決め手となったのは、正にこのヴァーストゥ・シャーストラの原理によるものであり、代表的な設計となっています。また、実際にヴァーストゥ・シャーストラの原理に従った家を購入改築し、その家に住むことで、わたしたち夫婦の生活が劇的に変化する体験をしました。健康状態は良好になり、家族の関係は満開の花のようにすばらしいものとなり、家庭の経済状態も向上し、ペットでさえも調子が良くなるほどの変化を通して、ヴァーストゥ・シャーストラの原理に確信を持つことができたのです。

ヴァーストゥ・シャーストラの原理は、わたし個人にとっては非常に魅力的なものですが、一般的な日常生活に取り入れるにはあまりにも複雑すぎて難しいと感じていました。そこで、ヴァーストゥ・シャーストラの複雑さを簡素化し、もっとも重要な側面を抜き出す方法を見つけることにしたのです。

引越してまもなく、わたしたちはアートオブリビング財団の創立者シュリ・シュリ・ラビ・シャンカールとともにインド中をまわる旅行に招待されました。

愛と成功の祭壇：アルターの生い立ち

インドではどこに行っても祭壇が目につきます。道路沿いの休憩所や人びとの家、瞑想所といったところに祭壇は設置され、神が絶えず存在しているようでした。祭壇を使うことで神との現実的なむすびつきを感じられるような光景を見て、これこそわたしが探し続けてきたものだと直感したのです。

当時、わたしはアンティオキア大学で全体設計（パーツごとではなく、全体論を重視し体系的に創造設計する方法の指導）という新しい分野での学位を取得しようとしていました。ヴァーストゥが自分の大学院終了プロジェクトの主題になるとは考えていましたが、インドに向けて出発するときは何も具体的なアイデアはありませんでした。しかし、インドでのいたるところに設けられているアルターを見たことで、住居全部をヴァーストゥの原理に適用しなくても、もしかしたら自宅か職場の一部に同じようなものを作ることは簡単にできるかもしれないと考えたのです。

家に戻ったわたしは主人の協力のもと、ヴァーストゥに基づいた方角の影響と5要素のそれぞれの位置を考慮して設計し、ヴァーストゥの力を備えた、誰にでも簡単に作ることができるアルターを開発しました。人生に影響を与えるほど強力な宇宙のエネルギーを導くことができるその祭壇を「アルター

> だれでも祭壇を作れて、霊的パワーをひきつけ、大きな成果を証明することができるのです。

（Altars）」（英語で祭壇の意）と呼ぶことに決めました。

　わたしたちは、ここで示している方角にアルターを合わせることによって、宇宙のエネルギーをひきつけ、大きな成果を証明してきました。この本を読んで、あなたがご自身のアルターを作りたくなったとき、すでにあなたの心は開かれ、夢や望みを叶える第一歩をふみ出していることでしょう。

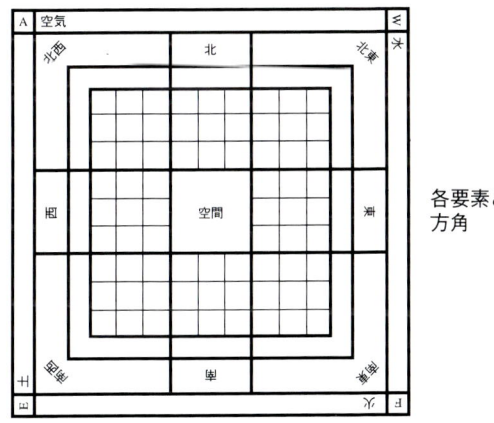

各要素と方角

「知恵は疑うことから始まる」——ソクラテス

chapter 2

ヴァーストゥ・シャーストラ：科学と歴史

インドで7000年以上も活用されつづけている神聖な教えヴァーストゥ・シャーストラ。この古代科学の研究とクライアントの実体験調査を通じて生まれたアルターのシステムは、国籍や宗教、人種や性別などに関わらず、いつでも誰でも簡単に実行でき、心に望むものを叶えるための、もっとも効果的な手段であることを発見しました。

科学との調和

ヴァーストゥ・シャーストラはインドの人びとの生活に浸透し、宇宙エネルギーと調和状態にいられるように影響をおよぼしてきました。何千年も昔にヴァーストゥ・シャーストラを開発した学者や建築家達は自然の力に大変精通していました。天の星の展開法や地球の磁場、熱エネルギー、陸や海や湖沼、丘と谷、コンパス方位の関係、さらに占星術チャートなどについても熟知していたのです。何百年もかけて、それらの力と人びとの暮らしがどの様に結びついているのか、秘密が明かされるようになりました。

ヴァーストゥ・シャーストラのシステムの進化を手伝った建築家達は、人びとが宇宙エネルギーと調和して健康や幸福、繁栄などを手に入れるためには、生活と仕事の環境が深く影響することに気がついていました。そこで、家や仕事場、祈りのための場所を、宇宙の秩序と調和して確実に利益を得られるように設計することを学び深めたのです。

建築計画を立てるときには、太陽エネルギー、磁極の影響、人

〈愛の祭壇〉用のアイテム

の体と水との関係やそのほかの要素を考慮して、機能的であるだけでなく、実り多い精神的エネルギーもひきつけられるようにしました。その知識はインドから中国へと仏教の僧侶によって伝えられ、中国文化や地域に取り入れられました。それが「風水」として知られるようになったのです。そういった古代東洋の建築設計方法には、現代の家屋やオフィスにも効果的であるという大きな価値があるため、これらの教えは再度調べなおされて、今日の世界でも広く利用されています。

　しかし、理想的な配置を整えて暮らすために、自宅を改装したり、家具を移動させたりすることが難しい場合もあります。とても大変なことだと感じるだけで、どんな人でもやる気を失いがちですが、それでもなお、古代のシステムには余りあるほどの魅力的な力があることも事実です。

　そこで、この本に書かれているヴァーストゥ・シャーストラの原理を用いて「アルター」が生み出されました。アルターは自宅を改装したり、家具を移動させることなく、あなたの人生に大きな影響を及ぼすことができます。人生が充実し、励まされ、夢や希望を叶えてくれるような素晴らしい変化を知ることになるのです。

アルター制作の一番の特徴は、様々な種類のアイテム−宗教的なものもそうでないものも−扱うことができることです。ヴァーストゥ・シャーストラの原理に沿ったもので自分の気持ちを表すアイテムを自由に選ぶことができるため、世界でただ一つの力強い協力者としてあなたを導いてくれるでしょう。

　ヨーガもまた、インドのヴェーダの知恵にもとづいています。健康な体と心を育て、わたしたちが自然界と調和した生活を送れるように助けてくれます。ヨーガが肉体的・精神的エネルギーのバランスをとる助けになるのと同じように、ヴァーストゥ・シャーストラは、生活環境のエネルギーのバランスをとります。マドラス（インド）の高名なヴァーストゥ建築家、V・ガナパティ・サパティ博士は、「地球の1インチにいたるまで全てのものは完璧に宇宙の秩序に則っている」と述べています。たとえ小さなアルターだとしても、どこに住もうと、どこで働こうと、エネルギーと恵みをもたらす影響力があると言えるのです。

パールヴァティー

古代の目を通して見た世界

　ヴァーストゥ・シャーストラと全体設計の考え方では、あらゆる生命は、この自然環境から離れて存在しているのではなく、全体の一部としてつながりながら存在しているということで一致しています。ヴァーストゥ・シャーストラは、わたしたちが5つのエレメントから出来ているというのと同様に、太陽や月、磁気の影響も受けているを教えてくれます。誰もが知るように、生きているものの成長には太陽が必要であり、人の健康にとっては必要不可欠の重要な要素といえます。生理機能と精神状態を高める太陽光線は、科学研究によって人体に有害、無害を含めて様々な異なる影響を与えることが証明されています。

　古代の学者たち−サンスクリット語で〈リシス〉は、朝の太陽の光が一日でもっとも効果的な光を放ち、人の健康にとって重要なものだと知っていました。その

> ヴァーストゥ・シャーストラは、生活環境のエネルギーのバランスをとります。

光は紫外線と呼ばれています。また彼らは、太陽が移動して頭上にくると光がさらに強くなり、人体に有害であり得る光を放出することにも気づいていました。その光は赤外線として知られています。日没に向けて太陽がさらに移動しつづけると、太陽の放つ光が細胞活動に障害を起こすこともわかっていました。その光は放射線と呼ばれています。

そういった賢人たちは、地球上の水や人体に与える月の影響についても理解していました。満月のころには気分が高揚したり、事故や出産、死亡が比較的多く発生することが現在の統計によっても証明されています。

昔の賢人たちは、地球の磁気エネルギーが人の生理や感情に影響を与えていることも観察していました。人の血液には鉄分が含まれていることを考えると、生命に直接影響する地球の磁力も大きく関わっていることがわかります。

5つのエレメント

人の肉体も含み、宇宙や自然に存在する万物は、ヴァーストゥ・シャーストラの基本概念の5つのエレメント（空気、水、土、火、空間）で構成されていると考えています。

ヴァーストゥの原理をもとに5つのエレメントを釣り合わせながらアルターを創ることで、不要なエネルギーを取りのぞきながら生命力を高めるエネルギーを取りこむ強力な濾過システムができあがります。

アルターがいったん配置されれば、それは自然の力と共鳴し合い、必要な宇宙エネルギーが導かれるのです。

> 祭壇を創ることで、不要なエネルギーを取りのぞきながら、生命力を高めるエネルギーを取りこむ強力な濾過システムができあがります。

「わたしたちが経験できる
もっとも美しいものとは、
神秘なものである」

アルバート・アインシュタイン

chapter 3
希望と夢：アルターを創るまえに

古代の賢人たちは、人間の基本的な希望、あるいは夢を、大きく8つのカテゴリーに区分しました。ヴァーストゥ・シャーストラにもとづいたアルターを築くときは部屋や家、職場や、人生において変化させたいと望むものに効果的な特定の場所に配置します。たとえば、人生において豊かな生活を得たいならば、〈豊かさと成功のアルター〉を北に置きます。また、スピリチュアルな能力を高めることに興味がある人もいるでしょう。その場合には北東に〈スピリチュアリティのアルター〉を築きます。下に示したカテゴリーは8方角に対応し、それぞれの方角には、アルターの効果を大きく左右する具体的な影響力があることを示しています。

8方角とそれぞれに対応する願い

願望	方角
豊かさと成功	北
スピリチュアリティ	北東
健康と幸せな暮らし	東
人生の変化を受け入れる	南東
仕事で活躍する	南
奉仕をサポートする	南西
創造性と知識を高める	西
愛と結婚	北西

仕事のアルター

方角の意味

方角と願望

（図：方位盤）
北西／北／北東
愛／繁栄／スピリチュアリティ
結婚／／スピリチュアリティ
西／／東
／瞑想と学び／健康
スイカ西／／転換
／／人生の変化を受け入れる
西／南／東
南西／南／南東

ヴァーストゥ・シャーストラの方角とは、天を東から西へ横切る太陽の動きと、北と南の極の磁気の影響を土台に考えられています。磁気エネルギーは北から南に流れ、太陽エネルギーは東から西へと流れます。その２つの力が太陽と磁気の碁盤目状を作って地球を覆い、この惑星の１センチにまで影響するのです。

1. 豊かさと成功——〈豊かさと成功〉は北でささえられています。そのエネルギーは表面では静かですが、その下の深いところでは磁気が流れています。光の質は、この方角ではもっとも弱いのですが、いちばん安定しています。北の安定した光は、現在進行中の育成と助力を与えてくれます。

2. スピリチュアリティ——〈スピリチュアリティ〉は、夜明け前の北東で、もっとも助力を与えられます。この光は１日のうちでいちばん強力です。光の強烈な質は心を震わせ、魂を浮かび上がらせます。このセクターでは水のエレメントが力を発揮します。

3. 健康と幸せな生活——〈健康と幸せな生活〉は東にのぼる太陽と結びついています。この光は紫外線として体の成長をうながし、１日のうちでもっとも健康に対する効果が大きく、生命を活性化すると考えられています。

4. 人生の変化を受け入れる——〈人生の変化を受け入れる〉は、光がさらに強いエネルギーを放ち、大きな熱を生む南東で起きます。ここでわたしたちはそれまでの考えを放棄し、もっとも深い関心をもって、これから転

換しようとしている、すばらしい未知への入り口へと向かいます。南東は火のエレメントの場所です。

5. 仕事で活躍する──〈仕事で活躍する〉は、太陽がスポットライトのように1日のうちでもっとも高い位置で輝く南の太陽が関係しています。頭上にある南の太陽はもっとも強い段階にあります。この明るく照らすエネルギーが、世界的に活躍するためのエネルギーを引きよせるのです。

6. 宇宙と人びとのサポートを得る──〈宇宙と人びとのサポート〉は午後の太陽が沈む瞬間、地面に接するときにあなたに手を貸してくれます。南西において、太陽のエネルギーは持続する力、基礎となる力であり、人間の成長をうながして助長します。南西は、土のエレメントの本来の場所です。

7. 創造性と知識を高める──〈創造性と知識〉は1日の終わり、太陽が西に沈むときに得られます。1日の活動が停滞しているとき、仕事は創造的な努力とまなびを通して、魂の成長の時間に替わります。

8. 愛と結婚──〈愛と結婚〉は、太陽が月の影響と入れ替わる北西のあたりで高められます。北西は空気、または風のエレメントと結びついていて、すでに存在する関係におけるコミュニケーションを高めたり、人間同士の引力を強めたりします。

> 磁気エネルギーは北から南に流れ、太陽エネルギーは東から西へと流れます。

色の影響

　特定の秩序であらわされる5つのエレメントを含むアルターを、望むものに関連する方角にそれぞれ配置します。次に示す図は、望みを実現するための道しるべです。色がどのようにアルターの効果に影響するのか見てみましょう。

願望と方角とそれぞれに対応する色

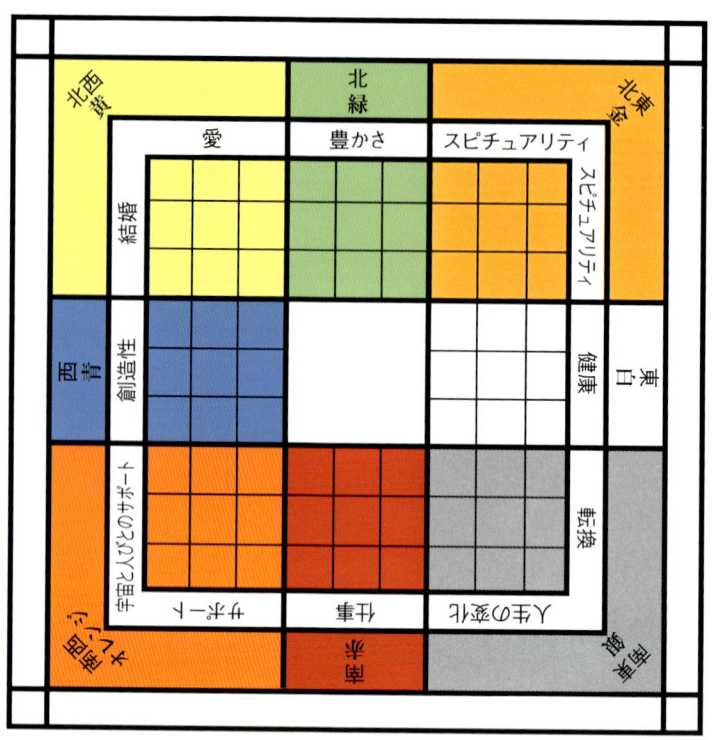

> "精神とは
> パラシュートのような
> ものです。つまり、
> **開いている**ときに
> 最高の機能を
> 発揮するのです。"
> ——トマス・デューワ卿

　上の図にあるように、アルターには8つの願望を同時に配置することをおすすめします。各願望には、それぞれの効果を高める対応色があります。

　方角に対応する色は、各方角の願望をおぎなう特定の周波数に共鳴します。その効果は、周波数を特定の放送局に正しく合わせたラジオに似ています。ラジオは、中にある鉱石成分が放送局から発せられるものと同じ周波数で共鳴して、明確な音を出します。色をつかうと、アルターの意図を強めるのに役立ちます。たとえば、白はすべての色を囲んでいます。もっとも早い波長であり、ヒーリングプロセスに決定的な影響をおよぼす色であり、〈健康と幸せな暮らし〉のアルター上での主色としてもちいられます。すべてのアルターに、メインカラーとサブカラーをもちい、副色は補助要素として使います。それらの色はアルター上で表現されるべきですが、その色しか使ってはいけないというものではありません。

1. 〈豊かさと成功〉のアルターは、北におきます。
   メインカラーは緑、サブカラーは金色。

2. 〈スピリチュアリティ〉のアルターは、北東におきます。
   メインカラーは金色、サブカラーは白。

3. 〈健康と幸せな暮らし〉のアルターは、東におきます。
   メインカラーは白、サブカラーは赤。

4. 〈人生の変化を受け入れる〉のアルターは、南東におきます。
   メインカラーは銀色、サブカラーは赤。

5. 〈仕事で活躍する〉のアルターは、南におきます。
   メインカラーは赤、サブカラーは金色。

6. 〈宇宙と人びとによるサポート〉のアルターは、
   南西におきます。メインカラーはオレンジ、サブカラーは赤。

7. 〈創造性と知識を高める〉のアルターは、
   西におきます。メインカラーは青、サブカラーは黄色。

8. 〈愛と結婚〉のアルターは、北西におきます。
   メインカラーは黄色、サブカラーは青。

　アルターの潜在力を最大にするために必要かつ選択できるアイテムのアドバイスと、各エレメントの配置の手引きは、つぎの章で説明します。

chapter 4

5エレメントを表現する:
使用するアイテムとその配置

エレメント

　アルターにはかならず、地、空気、火、水、空間（サンスクリット語でアーカーシャ）の各エレメントに関連したアイテムを用意します。

　それぞれのエレメントをあらわすアイテムはアルターを4等分にわけた各区画に置き、エレメント本来のエネルギーが宇宙のエネルギーと共鳴するようにします。

空気は北西に

水は北東に

土は南西に

火は南東に

空間（アーカーシャ）は中央に

　供え物は、アーカーシャの領域である中央におきます。そこは、エレメントが正しく配置されることによって、エネルギーの渦が発生する重要なポイントです。あなたの願いである〈自分だけのシンボル〉は、供え物のうしろに置きましょう。

　アルターにおくアイテムを選ぶときには、願いが叶ったときを想像させるような、自分の心が嬉しくなるものを選んでください。アルターはあなたの心に触れるものでなければなりません。なぜなら、自分の心と共鳴するものを引き寄せるエネルギーがアルターによって発生するからです。

空間をつくる

　アルターを作るとき、魅力的な生地や綺麗なスカーフなどを使ってアルターの空間を美しく演出したいと思うかもしれません。それは、アルターに必ずしも必要ではありませんが、個人の好みに応じてアレンジして楽しむこともできます。

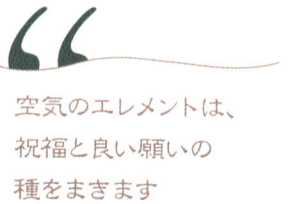

空気のエレメントは、祝福と良い願いの種をまきます

次にあげるリストを、使用するアイテムを決めるおおよその目安にしてください。

空気のエレメント

北西の空気の場所には、羽や旗、天使や鳥の置物、そのほか空気中に浮かぶものをもちいます。扇、鐘、鈴、フルートなど、空気を伝わることで音の波をつくりだすものもすてきな選択肢です。空中をただようお香も、この場所でつかうことができます。空気のエレメントは、祝福と良い願いの種をまきます。願いと夢は、空気を通して〈至高の存在〉へと伝わり、成就するのです。

水のエレメント

器に入れた水を北東の場所におきます。どんな器でもかまいません。水は感情と欲求をあらわします。純水は、至高の善と歩調が一致した、真摯な意思の象徴です。水には花びらを浮かべてもよいし、水と花を入れた花瓶を利用してもよいでしょう。中の水が見えるよう透明な器の利用をおすすめします。噴水や金魚鉢を使用するのも良いかもしれません。生花をもちいる場合、しおれたり枯れたりしないようにします。器に水が入っているならば、シルクフラワーでもよいでしょう。ドライフラワーは避けてください。花には自分の夢と同じように生気があふれていてほしい、と願いましょう。

土のエレメント

土のエレメントは可能性を生み出す土台となる力です。石や金属、陶磁器の置物、天然水晶や天然石、木製のものなど、土から生まれたものを使うことができます。成長したり新しい生命をもたらしたりする植物や種子は、実を結ぶ新しいチャンスをあらわします。

火のエレメント

ろうそくはもっとも人気のある選択肢ですが、オイルランプやアロマランプでもかまいません。お香は空気と同じように火もあらわすので、ここでもちいてもよいでしょう。火は実現化への情熱をもたらします。創造あるいは破壊の能力をもち、どちらになるかは意図に左

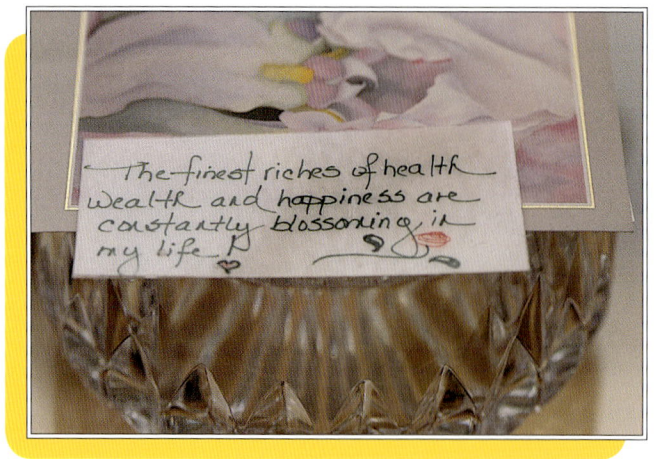

右されます。未熟な欲求を実現へと変えることのできるエレメントです。

供物皿

アルターの中央には口の広いボウルか皿などの平たい器を用意して、その中に意図の象徴をおきます。無地の紙に願望を書いたものでもかまいません。「豊かさ」のように単純なひと言でもいいですし、明確な宣言文として表すこともできます。わたしのお気に入りの宣言文には、愛、豊かさ、健康、出会いの実現など、人がもっとも望むものなどがあります。願望は個人的で簡単なほうがよいでしょう。「神があらゆる面でわたしの豊かさを支えてくれる」あるいは「喜びと平和が宇宙の恵みからわたしへと流れてくる」というように。エンジェル・カードもよく好まれる選択肢です——カードには小さな天使が描かれ、「愛」などの言葉がそえられています。願望の象徴としては、豊かさには硬貨や宝石、成長には種子の鞘など、好みに応じて言葉以外のものをもちいてもかまいません。

わたしたちのクライアントの多くは、アルターをさらにパワーアップさせるために供物皿やトレイにヤントラを加えます。ヤントラとは幾何学的模様のことです。その図柄は何千年も前に創られ、秘密の音で記号化されました。その図柄には、5エレメントの振動が含まれています。ヤントラは強力な周波数を伝達し、どの存在レベルにおいても生命力を高める宇宙エネルギーを有しています。ヤントラには多くの異なるデザインがあり、その1つひとつが特有の影響を環境に与えます。ヤントラを供物皿に加えたり、アルターのどこかに置いたりすると、アルターの潜在力が高まります。アルターの章ではそれぞれの創り方について説明します。

カルラ・シッディ・ヤントラ

個人の象徴

供物皿のうしろに、望んでいる結果をあらわす写真や物をおきます。新しい家を望む場合は夢の家の写真を見つけてきて、それを美しく縁取ってこの場所におきます。具体的な特徴をあらわす人物や神の彫像や置物をもちいる人もいるでしょう。多くの人たちが手元にある写真でコラージュを創ります。わたしのお気に入りの家族のアルターには、顔いっぱいに笑みを広げた両親と娘、夫、そのほかの家族の写真で創ったコラージュがあります。そのアルターを見るたび、一緒に過ごした楽しい時間を思い出して感動します。わたしは家族みんなが喜びに満ちた日々をおくれるよう、小さな祈りを捧げています。

神聖なアイテムには、世界中の新旧さまざまな宗教の神々や創造神、女神の像や絵も含まれます。

心に触れる

わたしたちのアルター・ワークショップに参加する人のほぼ全員が、自分にとって何らかの意味で神聖なものを、アルターのアイテムとしてもちいています。それは一生かかって集めた自分だけの思い出の品であったり、心に触れる気がするものだったりします。9枝の燭台やロザリオのように、本来宗教的なものの場合もあります。また、個人的に影響を受けたり、尊敬したり、名誉ある地位にある人としての行動や姿勢を通じて教えを与えた人たちの表象かもしれません。神聖なアイテムには、世界中の新旧さまざまな宗教の神々や創造神、女神の像や絵も含まれます。

愛と結婚のアルター

　厳密に言えば、恵みやパワーをアルターへと引きよせるためには、仏像やキリストの絵、そのほかのどんな精神的指導者の表象も必要ではありません。しかし多くの人たちは、自分の好きな聖人や天使、神や女神からの祝福を望み、そういったものなくしては、自分のアルターが完成しないような気がするものです。多くのアルターからは2人以上の精神的指導者が見守り、そこにはウェディングブーケの花で作った押し花や、母親の手書き料理レシピなど、心や魂にふれるものもおかれます。

　わたしたちの好むもののひとつが、魂の伴侶を惹きつけるための、美しい〈愛と結婚のアルター〉です。そこには中国の慈悲の女神、観音の優雅な像や、聖母マリアの愛があふれる絵などがふくまれます。どちらも恵みと愛、それにアルターの製作者アマンダへのパワーをあらわします。アマンダはマリアと観音の両方に心頭し、どちらの象徴する愛も信じています。彼女はそのアルターのそばを通るたび、あるいは祈ったり瞑想したりしようとアルターのまえに行くたびに、心にすぐさま愛を感じます。プラスイメージの感情を生むアルターには、つねに最

大の効果があります。

　我が家にはヒンドゥーの神々が皆勢ぞろいしており、そこから選ぶようにしています。わたしが敬愛してやまないのは、豊穣の女神ラクシュミーです。小さなラクシュミー像をいくつか持っていて、豊かさのアルターやほかのアルターにも使っています。わたしが健康の豊かさ、喜び、創造的なアイデアを有しているのも、当然だと思っています。

　本書を読みすすめていくと、じつにさまざまな個人的な思い出の品、神聖な宗教的対象物、男神、女神、聖者、聖職者、導師といった神に関連するものがアルター上におかれた写真を目にするでしょう。あなたが正しいと感じるアイデアや、あなた自身のスピリチュアリティーをおぎないそうなアイデアがあれば、どうぞ自由に利用してください。山の頂きにいたる道がいく通りもあるように、スピリチュアルな道はどれもが「万物を創造するパワー」へとつながっています。ヴェーダの神々のリストは巻末資料：神、女神、そのほかの神々を参照してください。

ラクシュミー

最重要エレメント

　図の上ではあらわれませんが、祭壇に用意するもののうちでいちばん重要なのは、とてつもなく大きなパワーを持つ、あなた自身の感情です。見つめるとうれしくなるような対象物を選ぶようにしてください。目にすると力が湧いたり、そばを通るたびに希望が生まれたり、心が喜びで満たされたりするような気になるものにしましょう。夢がかなったときの気分、心の願望が生活のなかで実現しはじめる気分を想像します。小さなアルターはあなたの魂と同様に、至高の力にも話しかけるようにできています。あなた自身の前向きな感情は、スピリチュアルな世界への強力な掛け橋となり、望むものを手に入れる助けとなるでしょう。個人的な経験からまなんだことは、最初は徐々にはじめて、いちどに2つ以下のアルターを創ることが望ましいということです。欲求にはパワーがあり、変化が起きます。3つ以上創る場合は、1つめのアルターから2つめへの変化を観察してからおこなうのがベストです。

"未来は、
自分の夢を
美しいと信じる人たちの
ものです。"
——エレノア・ルーズベルト

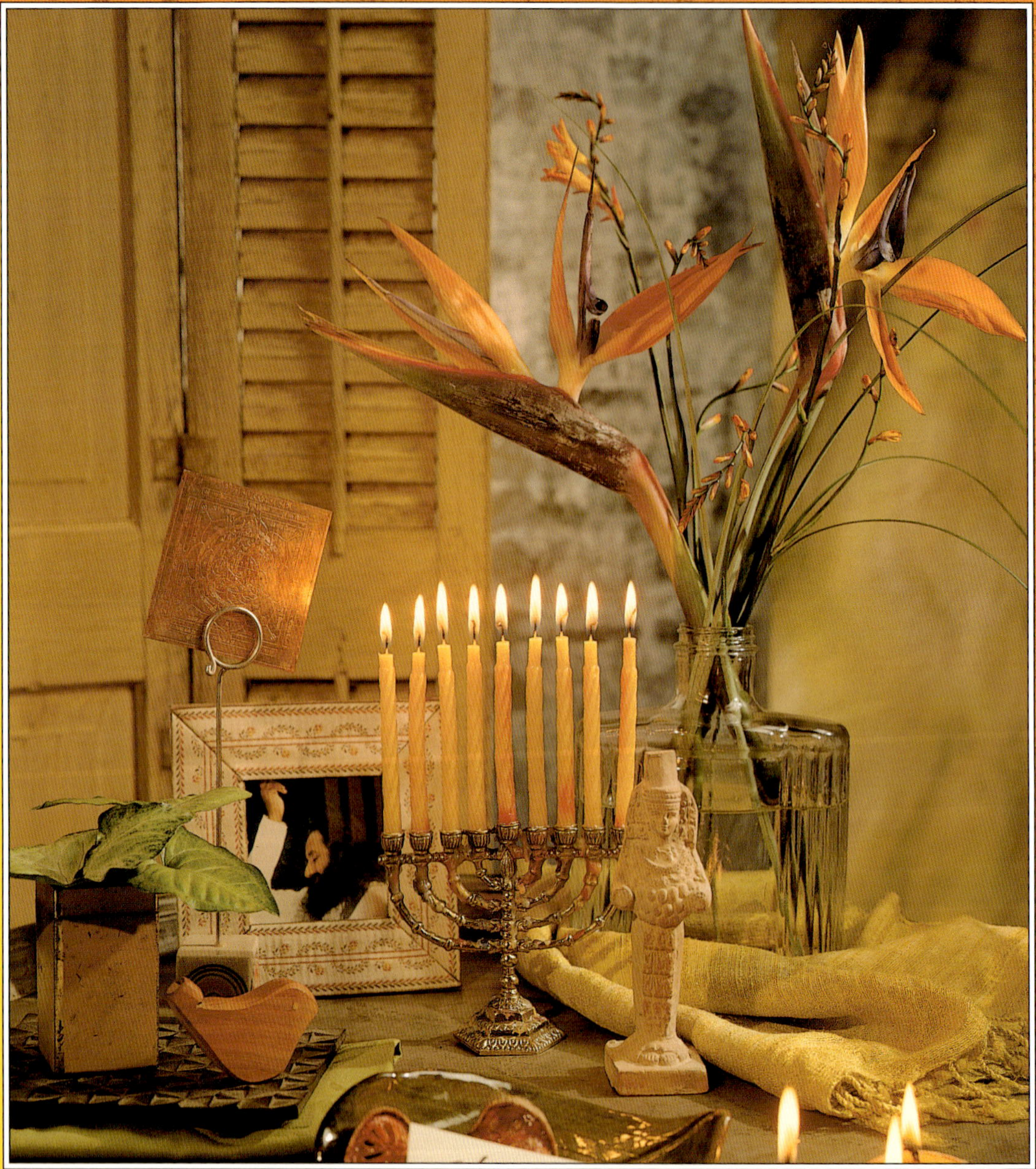

chapter 5

夢と希望を実現するプロセス

宇宙には恵みが満ちあふれています。わたしたちはただ、自分の考えと気持ちに意識を集中させて、必要なものごとをはっきりと声に出して述べ、自分の願いを宇宙に向けておくるだけでよいのです。宇宙は障害のない完璧な世界であると同時に、5エレメントすべてのバランスが釣り合った世界でもあり、アルターは大宇宙の縮小版をあらわしています。そのような申し分のないバランスが存在するとき、願いの実現をはばむものはありません。

アルターに活力を吹き込む

　アルターは、心のなかの願いをはぐくみます。たった2、3分でも、いつもアルターのまえで祈り、瞑想し、自分の意志を再確認しましょう。アルターは部屋を神聖な空間に変え、心をひらくことを思い起こさせ、スピリチュアルなコミュニケーション回線を調整してくれます。

無限の可能性のための空間をつくりましょう

　アルター製作のプロセスにすすむまえに、できるだけ清潔で片付いた環境をつくることをおすすめします。不要なアイテムの片付けや、家または職場の整理に意識を向けることが、宇宙へ重要なメッセージを送ることを意味します。変化する準備がととのい、清潔な環境をととのえることで、責任をとる覚悟を示して

アルターの環境をととのえるために、自分でできることのチェックリストです。

- 積み重ねられた書籍や雑誌、読まずにためたメールを処分する。

- ものを入れがちなキャビネットや引き出しを整理する。捨てることを恐れないでください。

- 散らかったカウンターや家具を掃除する。

- 表面のほこりを払ったり、拭きとったりする。

- 床を掃いたり、拭いたりする。

- 窓を開けて、新鮮な空気を入れて換気する。

- 生活に美を運びこむ切り花や生きた植物をそえる。

いるというメッセージです。掃除や片付けの最中に、思い出や昔の考え、後悔さえもが表面に浮かび上がってくることに気がつくでしょう。心を後悔の思いや失望に縛りつけがちな気持ちを感じたら、かならず中止して、その感情が体のどこにあるかを意識してください。ある特定の部位に痛みや空しさを感じるかもしれません。その場所を感じとったら、深く息を吸いこみ、同時に「あーーー」という声を出しましょう。ちょうど暑い夏の日に、欲しくてたまらなかった冷たくて爽やかな水を飲むときに発するような音です。これは、古くから存在する響きであり、体内に重く沈んだ否定的なエネルギーをすべて取り去って、安心と自由な感じに置き換えてくれます。

　古びて時代遅れになったり、不要になったりした対象物やアイテムを処分するプロセスにおいて、もう役に立ってくれなくなったものを解放することになります。そうすることで、重荷が軽減されるのです。すでに不要になったり使用しなくなったものが周りにあると、あなたに重みがかかります。不要物を手放すと個人的なエネルギーが解放されて、内にある創造力が高まります。

自分のアルターを準備する

　あなたのエネルギーを滞らせていたものを整理し終えると、スタートする準備がととのいます。

- 正しい方角やアルターの位置を定めるために、コンパスを使います。

- アルターを家や職場など、願いを実現させたいことと関連する場所におきます。テーブル、カウンター、キャビネット、出窓などにおいてもかまいません。

- ❖ 使用する場所を清潔な布できれいにします。

- ❖ 好みに応じて、アルターを設置する空間を作るために、トレイや布を敷いてもよいでしょう。ヴァーストゥ・シャーストラの原理を使うので、正方形または長方形のものを使用してください。

- ❖ アルターにつかう5エレメントをあらわすアイテム1つひとつを選びます。新品を買いに出かけるまえに、家にないかどうか探してみましょう。アルター用のアイテムを見つけるのに良い場所は、ガレージセールや中古品店、アジア雑貨店、健康食品店、ホームストアなどがあります。

- ❖ 空気・水・土・火・空間（アーカーシャ）をあらわすアイテムを、それぞれ正しい方向におきます。

- ❖ 5エレメントがそろったら、願いを表すための、ほかのアイテムをおきます。

- ❖ 水は目にみえるように、透明または透明にちかい器を使ってください。水が見えるのであるならば、平たい小皿やボウルでもかまいません。かならず不純物を取りのぞいた水、あるいはろ過した水をつかいます。

- ❖ 〈自分だけのシンボル〉を加えます。空間のエレメントのうしろに置いてください。

- ❖ 儀式を始めるまえにシャワーを浴びて、清潔な衣服を着ます。

> すでに不要になったり使用しなくなったものが周りにあると、あなたに重みがかかります。

夢と希望を実現するプロセス

　空気のエレメントは北西に、水のエレメントは北東に、土のエレメントは南西に、火のエレメントは南東に、空間のエレメントは中央に配置してください。これらアイテムをすべて定位置においたら、基本アイテム以外のものを飾ってアルターを美しく仕上げるのもおすすめです。

感謝の気持ちが原動力となる ― 気をつけること ―

　夢を現実化させるために一番大切なアイテムは、今この瞬間の全てのものに対して感謝の気持ちを持つことです。感謝のエネルギーは宇宙にとって無視することができない霊薬となり、アルターがあなたの持つ感謝の気持ちを増幅させることで、夢の実現を引き寄せることになります。
　宇宙へ向ける夢のリクエストは、あまり具体的にしすぎない方がよいでしょう。というのも、具体的にしすぎると、あなたにとって最良であるための可能性をせばめてしまうかもしれないからです。また、命令や要求、疑い、批判的、信用できないなどの気持ちをもってアルターに向かってしまうと、宇宙のエネルギーはそのような気持ちに見合うものを送り届けかねません。成功を弱めないためにも、そのような場合は、心が解放され、受け入れる準備が整うまで待つことも必要になってくるでしょう。

わたしたちは大きなパワーを持っている

　わたしたち1人ひとりの内にあるパワーは、祈りや言葉が持つ言霊、瞑想、意志にも含まれています。そこには現実を左右する力があるのにも関わらず、使い方がわからないために価値のない疑いや感情を持ち、自ら必要のない現実を引き寄せている人が多くみられます。宇宙は、わたしたちが発するリクエストが前向きであろうと後ろ向きであろうとかかわりなく、わたしたちが考え、感じ、祈り、言葉にしたものをそのまま与えてくれることを忘れないでください。

意志をかたちにする

　アルターは祈りや儀式によって命をもたらされるまでは、ただ大切なものを集めたものにすぎませんが、あなたの意志をかたちにする大切な要素なので、ガイドラインの配置図に従いながら満足できるまでアイテムをいろいろ動かしてみましょう。アルターを創り終えたら、つぎはアルターに真の力と命を吹き込むために宇宙に自分の意志を理解してもらう時間です。このとき、宇宙へと長々とお願いを

並べたてるのではなく、夢が叶ったときに感じるであろう喜びや驚き、満足な気持ちを感じることができる簡単で明確なキーワードをあげるほうが効果的です。

やる気が出るきっかけになりそうなアドバイスをいくつかあげてみます。

- ひと言でもいくつか集めたものでも、供物皿にふさわしく、感情的な反応が呼び覚まされるような言葉を無地の紙に書きます（たとえば、幸福、愛、健康など）。
- 自分が経験したい感情をあらわす象徴的な小物を、1つあるいはいくつか用意して、供物皿におきます。
- タロットカードやメディシンカードのような心に共鳴するシンボルや、刺激を受けるようなアイテムをつけ加えてもかまいません。受けたいと願っている経験を呼び起こすヤントラをおいたり、無地の紙にマントラを書いたりしてもよいでしょう。ヤントラやマントラをもちいてアルターに活力を与えるテクニックは、それぞれのアルターの章で説明します。

書いた言葉やシンボルを供物皿に置いたら、アルターのまえに立って、あるいはひざまずいて、長く深いゆっくりとした鼻呼吸を何度か繰り返し、頭をはっきりさせます。目を閉じて、目のまえにあるアルターの存在を感じてください。そこではパワーが築かれつつあります。アルターが活性化するまえでも、感じられることがあるでしょう。5エレメントをそれぞれあらわすものと大切な思い出の品をひとところに集めることによって、意志の物質的な表現を設計したことになります。そのアルターは可能性に満ちていて、その中にはあなたの希望と夢が保存されています。

　アルターにお香をおいてある場合は、つぎに火をつけます。ろうそくを用意したのであれば、ろうそくに火を灯します。鈴や鐘がアルターにあれば、それを鳴らします。噴水をおいたのなら、問題なく動いていることを確かめます。

アルターに活力を吹き込む活性化テクニック

　以上の手順を完了したら、アルターを活性化する方法がいく通りかあります。すでにお気に入りの儀式やテクニックをすませたかもしれませんが、そうでない場合は、つぎにあげた方法があなたと共鳴するかもしれません。

ヤントラとそれに対応するマントラ

　それぞれのアルターの章では、固有のヤントラとそれに対応するマントラをもちいた、たいへん強力なテクニックを紹介しています。〈ヤントラ〉は意志や影響をあらわすパワフルで具体的なシンボルです。この本で紹介するヤントラはどれも特有なものであり、エネルギーに満ちた場を作り出し、

それぞれの方角に関連した願いに影響します。読者のみなさまへの贈り物として、それぞれで作った祭壇に適したヤントラをダウンロードできるよう、ウェブサイト www.vastucreations.com/freeyantras に特別なページをもうけました。

　アルターを活性化させるために、ヤントラの使用と同時に、この独特の活性化プロセスを完成させるため、それに対応して唱えたり大きな声で繰り返し言ったりするマントラがあります。〈マントラ〉とは周りを浄化して、5エレメントに影響を与える音の響きです。宇宙に存在する万物は土、空気、火、水、空間のエレメントからできています。マントラは強力な古代サンスクリットの言葉であり、それぞれのパターンで唱えると理性と魂がひとつになって、宇宙エネルギーが動きます。それらは共鳴して現実化が起きるのです。適したマントラと組み合わせると、マントラは環境に深く影響し、調和とバランス、そして助力をもたらします。

望みや夢を宇宙に伝える

　人は常に自覚のあるなしに関わらず、宇宙からのメッセージを受け取り、メッセージを解き放っています。それは宇宙意識との対話と呼べるかもしれません。純粋な祈り、成功や期待、平和や充足感、手放したい想い、必要な支えを望む気持ちを心から謙虚に願うとき、あなたは宇宙と対話しているのです。アルターを創り、ろうそくやお香に火が灯され、ベルを鳴らし、マントラを唱える。一つひとつのプロセスが宇宙に呼びかけ、あなたが必要としている心からの願いは宇宙へ伝えられていきます。心から望みが授けられるように願えば、その答えは与えられるでしょう。

夢と希望を実現するプロセス

エネルギーボールのテクニックをもちいた現実化の儀式

　これは、呼吸を利用して引き寄せたエネルギーでパワーボールを作りだし、アルターに供えることでアルターをより活性化させるパワフルなテクニックです。つぎにその手順を示します。

- ❖ アルターのまえに立って、あるいはひざまずいて、心から雑念をなくします。そのアルターをつくった目的、経験したい気持ちを意識します。

- ❖ 左手を胸の高さにあげて、手のひらを上に向けます。

- ❖ 息を深く吸いながら右腕をまっすぐ上にあげて、てのひらを空に向けて伸ばします。ゆっくりと息を吐きながら右手をおろし、左手のてのひらに近づけて想像上のボールをつくります。

- ❖ ここまでのプロセスを3回繰り返します。右手を左手に近づけてエネルギーボールをつくるたびに、エネルギーが築かれていくのを感じるでしょう。

- ❖ 3回目を終えたら、そのボールを右手に移動させて、エネルギーが詰まったこの想像のボールを供物皿におきます。

- ❖ これでアルターが活性化されました。

かなめ石をもちいた活性化の儀式

　かなめ石とは慎重に選ばれた手彫りの大理石であり、そこに含まれている最高結晶の内容物が、夢と希望を現実化してくれます。正しく利用すれば、すべてのおこないにおいて保護と良い結果を約束してくれるでしょう。また、かなめ石に刻まれた古代ヴェーダのデザインは何千年もまえに設計されたもので、たいへん縁起の良いシンボルでもあります。このシンボルのデザインは特定の目的のために考案されました。そのひとつがアルターの活性化です。パワフルなアルターのエネルギーをさらに引き出すことができる、驚くべき能力を秘めているのです。
　かなめ石をもちいてアルターを活性化させるプロセスはつぎのとおりです。

1. かなめ石を胸元で右手に持ち、左手をかぶせます。

2. 目を閉じて、鼻でゆっくりと長い呼吸を何度か繰りかえし、体内を清めます。

3. 望んでいるものが手に入ったときの素晴らしい気持ちを想像します。

4. その気持ちを、心から溢れでるまで積み上げます。溢れてきたら、その充足感をかなめ石に移すことを想像します。

5. 移し変えが終わったら、かなめ石を２つのエレメントの真ん中にくるように、供物皿のまえか、供物皿のうえにおきます。

夢と希望を実現するプロセス

アルターのお手入れ

　アルターは、活力を与えられるとすぐに、願いの周波数を宇宙に伝え始めます。アルターにおかれたアイテムはエネルギーの碁盤目をつくり、そこに宇宙のエネルギーが立体的な形でもたらされます。それはエネルギーに満ちた生物と同じように手入れや世話を必要とします。アルターに祈り、歌い、あるいは、ただ前にすわって瞑想をするだけでもかまいません。アルターに感謝をおくりましょう。

　アルターとその上にあるアイテムは、いつも清潔に保ち、自分の意図に調和しないと感じるアイテムは取りのぞきます。アルターの手入れをすることで、潜在能力を刺激し、あなたの夢を実現させるためのエネルギーを引き寄せるのです。

　もしなにかの理由でアルターのエネルギーが弱まりだしたり、効果を感じなくなってきていると思うときは、アルターのすべてを取りはらってアルター制作のプロセスをもういちど1からやり直します。宇宙との非常に強いつながりを創ることができていると自覚するまで諦めないでください。

> アルターに祈り、歌い、あるいは、
> ただ前にすわって瞑想するだけでもかまいません。
> アルターに感謝をおくりましょう。

「自然界に
存在する万物は
自然の全パワーを
有している。
あらゆるものは、
秘密のものでできている」

——ラルフ・ウォルド・エマソン

Healing

Grace

願いを叶える聖なるアルター 2

はじめに

ここからの8つの章では、8つの願いを紹介します。

　アルターの特徴を写真で示し、そのアルター創作に必要なアイテム、色、方角、アルターを活性化させるヤントラとそれに対応するマントラ、そのほかに各アルターと結びついた特別なスピリチュアル・ガイド、金属、アロマなどを紹介しています。

　まずは、自分の願いにもっとも適した1つか2つのアルターを創ってみて、なにが起きるか様子をみてください。わたしの場合は、その時の自分の望みや気持ちにぴったり合うように納得がいくまでアルターを頻繁に変化させています。

　自分の小さなアルターを、まだ目にしていない世界への入り口だと考えてください。そこに注意を向けるたびに、アルターはエネルギーを得て、夢と希望を叶える恵みの扉が少しずつ開いていくのです。

「恵みは知識を生み出します」
　　　　　　　　——シュリ・シュリ・ラビ・シャンカール

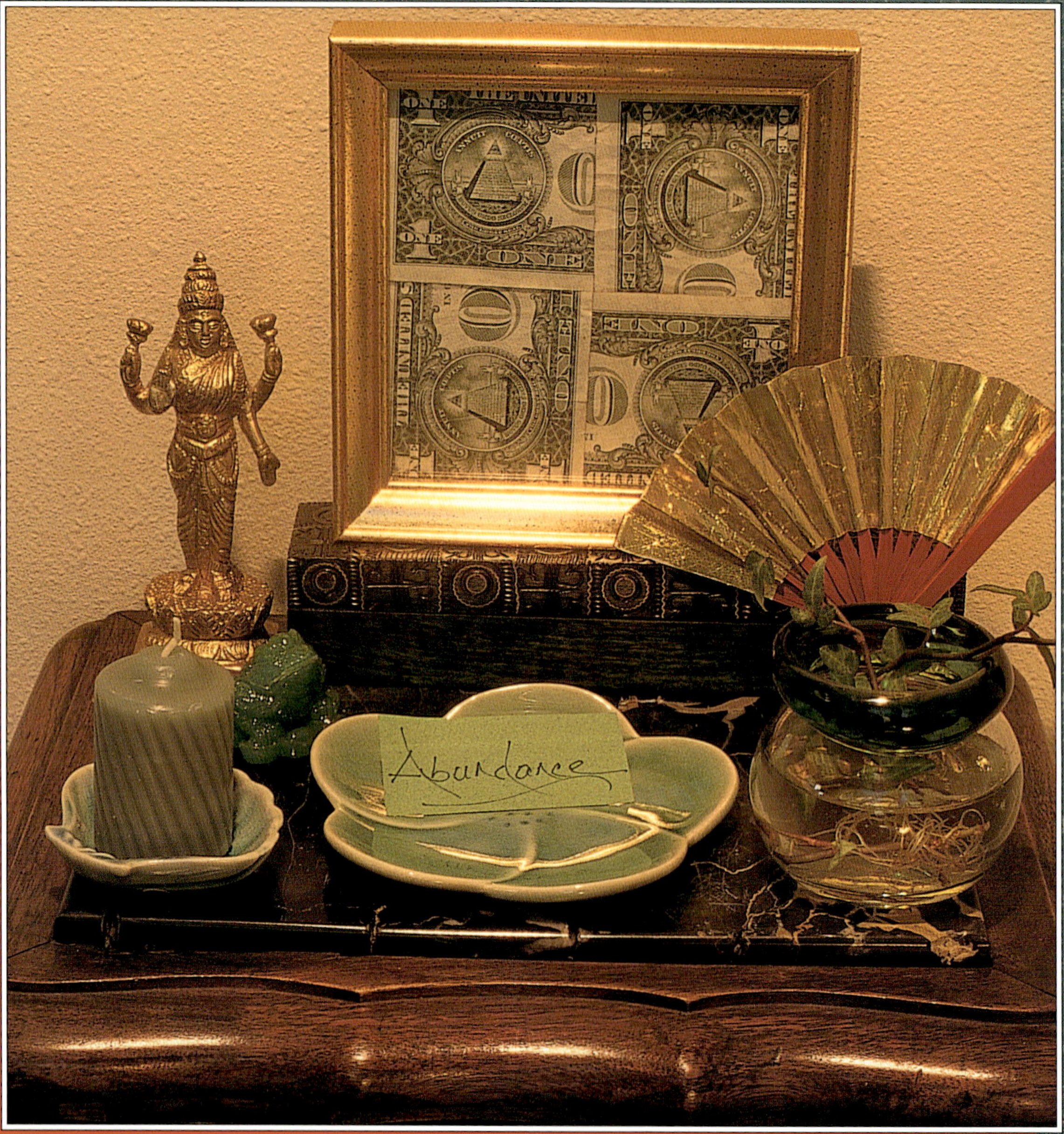
Abundance

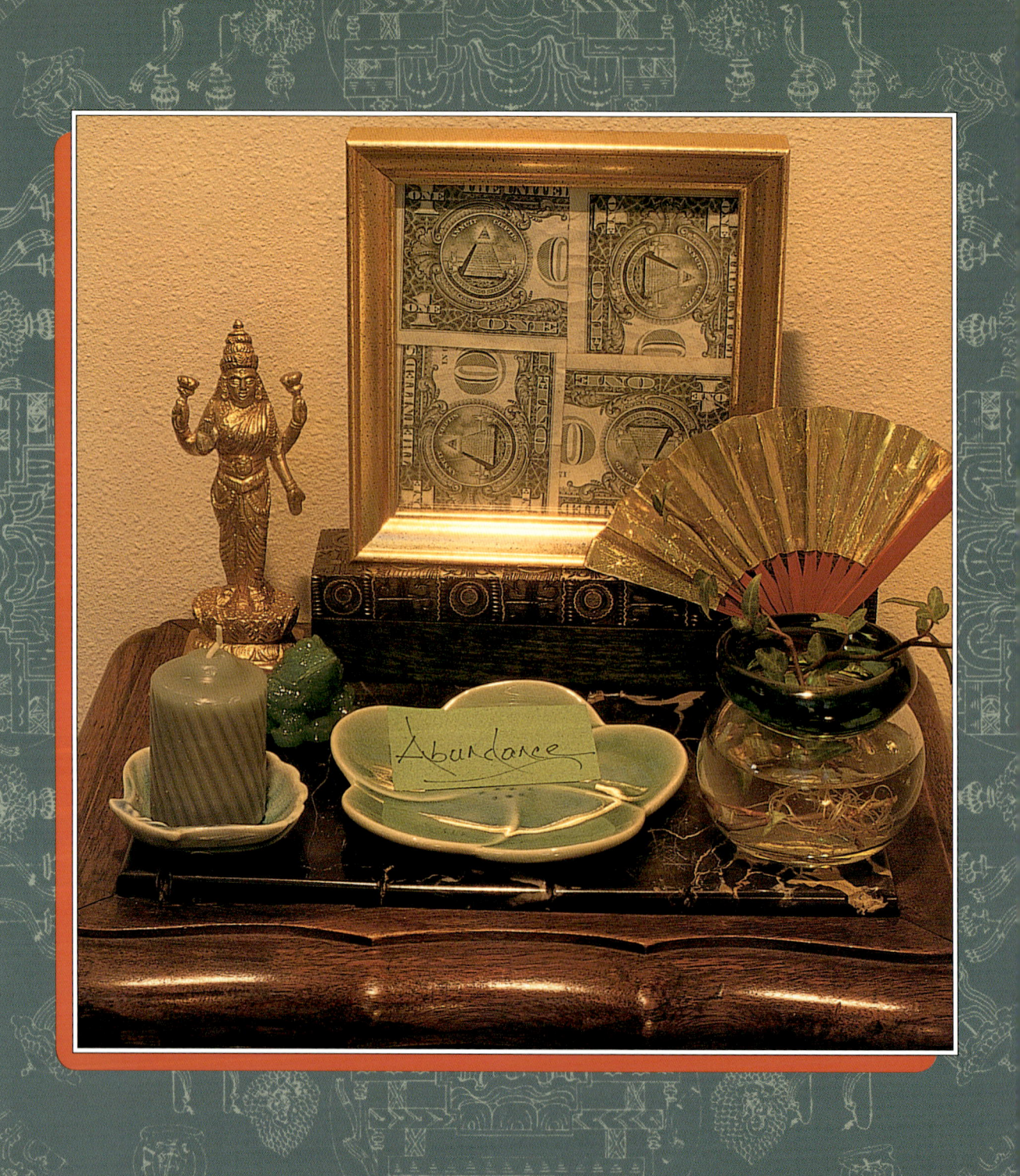

chapter 6
豊かさと成功を導くアルター

あなたにとって豊かさが意味するものとは何でしょうか？　もし自分にはいつでもあり余るほどのものがあるとわかっていたら、どうしますか？　必要なものごとがいつでも確実にかなうとしたら、どんな気がするでしょう？　想像してみてください。あなたには驚くほど大富豪のおじさんがいて、そのおじさんのお気に入りだった自分が遺産を譲り受けることになりました。少しのあいだ目を閉じて深呼吸しましょう。今後一生経済的に豊かで十分に満たされる状態になったとき、どのような気分になるのかを感じてください。心の内で何かが変化したような気がしませんでしたか？

　心の本当の声は、無理に信じようとしたり、疑ったりする理性を超越したところで、「イエス！　この気持ちは快適だし、良い感じ！」と明確に発せられるものです。誰でも心軽やかに、陽気で楽しく生きていたいと思っているのではないでしょうか？　豊かな生活をするとき、それがその気持ちなのです。
　豊かさの経験は人によってまったく異なります。精神的な豊かさを受けとることに満足を覚える人、充分なお金に安心する人、創造的なアイデアが満ち溢れることに幸せを感じる人。自分がどのような豊かさを受け取りたいと願っているのか、心に問いかけてみてください。

豊かさの流れ

　私たちが高額の小切手が3通届くのを待っているとき、家に〈豊かさのアルター〉を築きました。ヴァーストゥ・シャーストラの原理では、北の方から繁栄と結びつくエネルギーが流れてくると定義されているので、本来ならば北向きにアルターを設

置するのですが、建築上の理由から私たちの小さなアルターは家のなかの北域で西の壁を正面にして設置することになりました。

　空間が限られているとき、場所にあわせて方向性もアレンジできるのもアルターの魅力の一つです。柔軟な気持ちをもって楽しむことが大切であることを忘れないでください。また、あなたの崇高な意志があり、宇宙の無限の豊かさをもとめるならば、アルターの設置場所や大小に関わらず大きなエネルギーはあなたの元へ流れこみます。

　私たちのアルターは一日に何度も行き来する階段の上に設けたので、小さなアルターを見るたびに豊かさの恵みを招きよせる短い祈りを捧げることができました。アルターを見るととても心が軽く陽気な気持ちになり、それはちょうど裕福だと感じるときに経験するのと同じ気分になります。

　そして、1週間も経たないうちに、宇宙の意志はわたしたちの招きに応じてくれました——3通の小切手すべてが届けられたのです。

> アルターは、豊かさの宇宙エネルギーとの調和を感じるのに必要な安心感を与えてくれます。

〈北域で西を正面にした置き方〉

配　置

空気：祭壇の北西の場所に、小さな金色の扇。

水：北東には、ツタを挿し木した緑色の半透明の花瓶（流れる水は繁栄の豊かな流れを象徴するものなので、噴水やバブラーも場所に余裕があれば使うことができます）。

土：南西の場所に、ヒンドゥーの豊穣の女神ラクシュミーの彫像。

火：南東の角に、淡緑色の小皿にのせた緑色のろうそく。

自分だけのシンボル（図中p）：金色の額に入れた、米ドル札を利用した自作オブジェ。わたしはこの額を彫刻のほどこされた美しい緑色の箱の上におきました。箱は友人からの贈り物です。贈り物を見ると、受けとったときのうれしい気持ちがなんとなく思い起こされます。

供物皿（図中o）：アルターの中央に、緑色の磁製皿に入れた「豊かさ」と書かれた紙片。そこに、この方角と関連する惑星のヤントラと石をアレンジしたオリジナルペンダントトップのついた、豊かさの首飾りを加えました。

追加アイテム：花の咲いている鉢植え。

〈豊かさのアルター〉のレイアウト

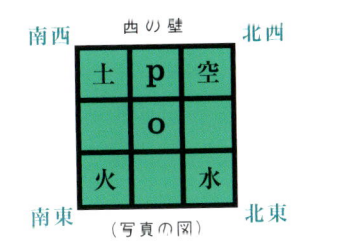

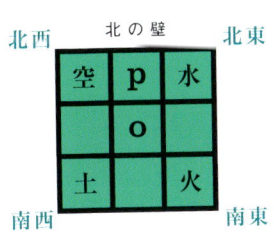

〈豊かさと成功を導くアルター〉のアドバイス

- アルターの場はかならず清潔にして、正面が北の壁または窓に向けるか、家／職場の北の領域におきます。

- このアルターのアイテムには、金色と緑色のものをいくつかもちいます。

- 北東におく水のエレメントは、アルターに対応する色の新鮮な花でもよいでしょう。透明あるいは淡い色の花瓶でもかまいません。

- 南西には緑色か金色のろうそく、またはオイルランプをもちいます。

- 南東には緑色か金色の石またはクリスタルガラスをもちいます。豊穣の女神ラクシュミーの彫像、あるいは植物など自然のものでもかまいません。

- 北西におく空気のエレメントには、スタンド型の風鈴やお香、扇、羽をつかいます。

- 緑色の有鉛オーストリアクリスタルを赤い糸に23センチおきに通して、アルターの中央にぶらさげて、望みの豊かさがこちらに向かって近づき続けるようにするのも良いでしょう。

- アルターの中央に皿か小さなトレイをおいて、供物のおき場所にします。

- 肯定的なエネルギーをさらに勢いづけるためのシュリー・ラクシュミーのヤントラ、あるいは豊かさの障害物すべてを取りのぞくためのバナパティー（ガネーシュ）のヤントラを供物皿にそえてもよいでしょう。

- 供物皿におさまる大きさの無地の紙片に手書きの言葉を記したものやエンジェル・カードなど、神に与えてもらいたい豊かな感情をあらわす象徴をそえてもよいでしょう。

- アルターの中央、供物皿の後ろあたりに、〈自分だけのシンボル〉をおきます。豊かさの感覚を刺激してくれる彫像、写真、コラージュ、写真などにしましょう。

活力を吹き込む儀式
水星のヤントラとマントラをつかって豊かさと繁栄を創りだす

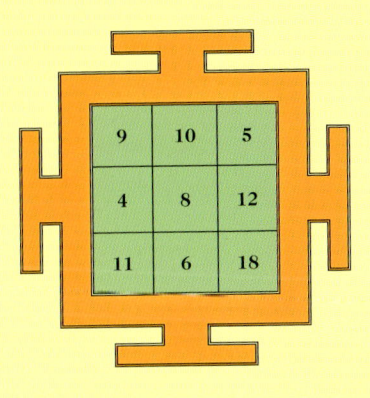

9	10	5
4	8	12
11	6	18

　各方角にはそれぞれ特徴的な影響力と、関連する惑星があります。水星は繁栄と豊かさに影響をおよぼし、北の方角と結びついています。好みに応じて、上の図のように水星に対応する方角のヤントラをつかいましょう。ヤントラのオリジナルバージョンを描いたり模写したりしてもかまいませんし、わたしたちのウェブサイト www.vastucreations.com/freeyantras から無料でダウンロードすることもできます。そのほかの活力を吹き込むプロセスは第5章で紹介しています。ここで示したのは〈豊かさと繁栄〉のアルター用の活力化プロセスであり、水星マントラとそれに対応するマントラをつかったものです。

豊かさと成功を導くアルター

活力を吹き込む儀式

- アルターのまえに立つ、あるいはひざまずきます。

- アルターのうえにあるろうそく、またはお香に火をつけます。

- 鈴や鐘がある場合は、それを鳴らして周囲のエネルギーを清めます。その響きが高位の繊細な振動と共鳴して、意識を今のこの瞬間に集中させます。

- 水星ヤントラを右手にもって、長くゆっくりとした深呼吸を鼻で10〜12回します。ヤントラがなければ深呼吸のみ行います。

- 望みのものを持った感情を想像します。具体的なことに意識を集中するのではなく、ただ幸福や平和、充足感、愛などを感じてください。

- 供物皿にヤントラをおきます。

- 右手の小指と人差し指を立てて、そのあいだの2本の指はてのひらにつけるように曲げ、親指をその2本の指のうえにおきます。これはサンスクリット語でムドラーといい、あるパターン通りにエネルギーを動かす手の位置をあらわします。

- アルターに向かって、手でこのムドラーをつくり、その腕を前後に9回動かします。

- 腕をアルターのほうへ伸ばすたびに意識を集中して、熱意を込めて、つぎのマントラを唱えます。

    マントラ：オム　ブーダーヘィ　ナーマハー

- 以上のプロセスを終えると、アルターには活力が吹き込まれています。

- 毎日かならず、少しでもアルターを意識する時間をつくってください。そうすればアルターの活力が刺激され、エネルギーを発しつづけます。

〈豊かさと成功〉の アルターに対応するもの

	メインカラー	緑色
	サブカラー	金色
	性質	豊かさ
	アロマ	ペパーミント
	宝石	エメラルド、クジャク石、ヒスイなどの緑色または金色の石
	金属	銀、金
	ヒンドゥー神	富の女神ラクシュミー、障害物を取りのぞく神ガネーシャ
	ヤントラ	シュリー・ヤントラ*
	マントラ	オム　マハー　ラクシュマーヤー　ナーマハー
	そのほかのスピリチュアル導師	フォルトゥナ、アバンダンティア
	個人にとっての神聖なアイテム	金貨、贅沢に装飾をほどこした織物、写真など
	特別な人物	気前のよさと支援を代表する篤志家
	曜日	水曜日
	太陽系	水星
	動物	ゾウ
	方角を司る主	クベーラ
	エレメント	空気と水
	植物	バジル
	感覚	対応するものなし
	形	対応するものなし

*「シュリー・ヤントラ」（および対応するマントラ）は供物皿にのせてもよいし、別個に、あるいはアルターに活力を吹き込む儀式のときの副次的ヤントラとしてつかってもかまいません。

豊かさの宇宙エネルギーと結びつく

　夫が突然亡くなったために生活が1年以上も混乱した状態にあったエレーナは、自分と2人の娘のために経済的に安心が保証され、心を自由にして、もっと建設的な将来を持ちたいと前向きに考え始めていました。豊かさと成功のアルターの存在を知ったとき、豊かさへの宇宙のエネルギーを確実に受け取るために自分の家にもアルターを創ることを決心し、さっそく実行に移したのです。

　彼女の予算はかぎられていたので、近所の輸入品店でアルター用のアイテムを探したところ、物質精神両面における富と繁栄の女神ラクシュミーをはじめとして、必要な彫像や品を安価で購入することができました。家に帰り、屋根裏部屋にある旅行好きのおばにもらったまま開けていなかった箱をかき回して、ほかに必要なものをすべて探し出すと、彼女は集めたアイテムを使って小さなテーブルの上に美しいアルターを創りあげ、北の窓の前においたのです。エレーナは自分の創作を見にきてもらいたいと電話してきたので、わたしはシュリー・ヤントラを供物皿に添え、かなめ石をつかい、2人でいっしょに活力をアルターに吹き込みました。

　エレーナはほとんどお金をかけずに、美しいものや意味のあるもの、パワーのこもったものをひとつにまとめ、豊かさと成功のアルターを創りあげたのでした。彼女は毎日アルターのろうそくに火をともし、目的に意識を集中して瞑想しています。アルターは、彼女が必要としていた豊かさの宇宙エネルギーと結びついているという安心感を与えています。

シンプルでもパワフル

ニューヨーク市にあるラジオ局の業務主任ベスは、その年の初め頃に職場で〈豊かさのアルター〉をつくりました。ディーパック・チョプラの著書「Creating Affluence（邦題『富と宇宙と心の法則』）」を自分だけの富みのシンボルとしてつかい、基本的なアイテムだけでシンプルなアルターを創ったベスは、友人と一緒に、アルターに活力を吹き込みました。これまでのところ、彼女はかつてないほどの忙しい冬を過ごしているということです。

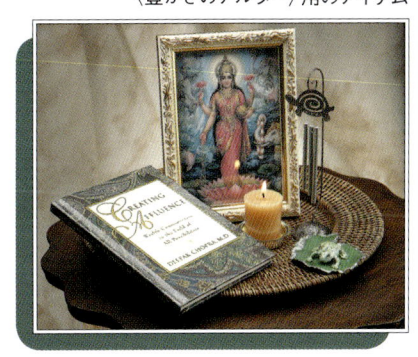

〈豊かさのアルター〉用のアイテム

宇宙の答え

シアトルに住む医師キャロラインは私の教えるクラスが終わってから、自宅で〈豊かさと成功のアルター〉を創りあげました。それから1週間後、フランスにいる友人から突然連絡があり、彼女が計画していたクリニックの開院への投資を申し出たそうです。のちに彼女は言いました。「アイテムをひとつにまとめたとき、宇宙とつながったように感じました。自分だけの神聖な場所をつくることが、神聖な行いだったのです。すてきな経験でした。」

〈豊かさのアルター〉用のさまざまな小物

旅があなたを待っています

〈豊かさと成功のアルター〉を創るプロセスは、自分発見のすばらしい旅の始まりでもあります。万物の源とともに現実を意識的につくりあげるとき、自分の本質と無限の潜在能力に気づき始めるでしょう。このプロセスが展開するときには、忍耐強く心を解放しつづけることを、つねに覚えておいてください。

「現実を目にしているときには、『なぜそうなのだろう？』と問い、けっしてありえないことを夢見ているときには、『なぜこうでないのだろう？』と問う」

——ジョージ・バーナード・ショー

豊かさと成功を導くアルター

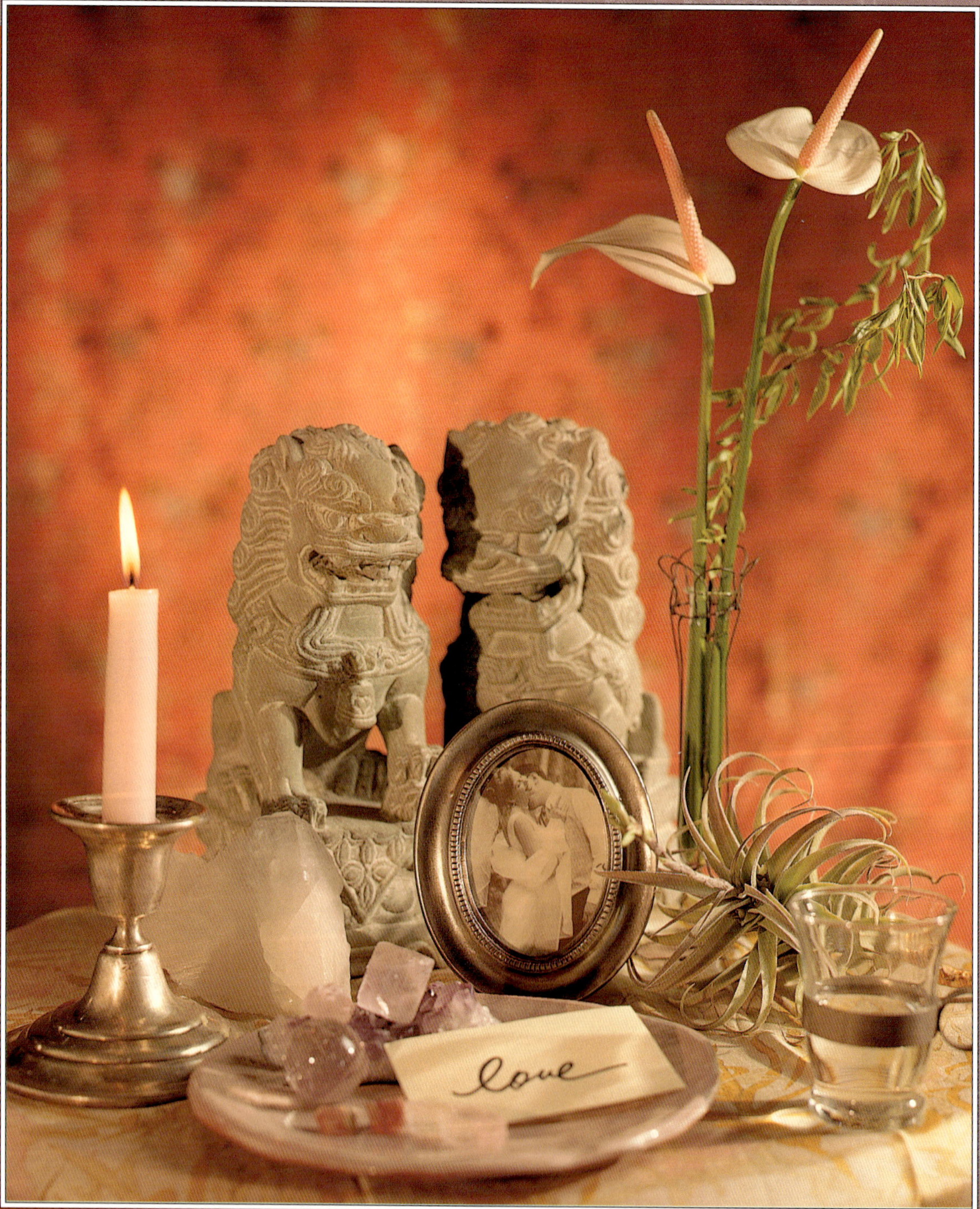
love

chapter 7

運命の人と出会うための愛のアルター

この世に愛ほど大切なものは、ほかにありません。愛はわたしたちをささえ、育ててくれる果汁です。感謝と輝きで満ちた心から生まれるものは、甘さと喜びです。わたしたち1人ひとりのなかに愛の本質は存在します。ときには赤ん坊や幼い子どもの目にそれを見つけることができます。それはまるであなたのことを認識して、彼らが心を開いているかのようにも見えるでしょう。また、ときにはお年寄りの目のなかに明るく輝く光として現れることもあります。どんな瞬間も愛を祝福する機会だということを、彼らは幸せと悲しみの人生から学んだのかもしれません。そういった特別な瞬間に、人びとのなかに見えたきらめきは、あなた自身のなかにも存在することを覚えておいてください。本質的に愛があなたの存在のすべてなのです。

　愛したり愛されたりしていると感じることは、真の恩恵です。愛は、あなたにとって何を意味するものでしょうか。自分自身との深い結びつきでしょうか。もしかしたら、宇宙の包容の恵みやパワーとの結びつきを強く感じることかもしれません。愛の意味するものは、自分の気持ちをほかの人に与え、それを喜んで受け取ってもらうことなのかもしれません。未知の深い優しさに飛びこんで、すでに成立している関係を受け入れることかもしれません。人生において高めたい、あるいは実現したいと願う愛のかたちがなんであれ、〈愛のアルター〉はあなたの心の願いをささえる味方となって、自分という人間をさらに深く理解するのを助けてくれるでしょう。

> 心の奥底にふれる
> 関係を築くためには、
> いくらかは安定を失う
> 危険を冒しても、
> 自分の壁を少し
> 下げなければ
> ならないのです。

心の願い

　ジェリーは友人たちに恵まれ、仕事も希望どおりクリエイティブな内容で昇進の機会もあり、非の打ち所もない充実した生活を送っているかのように見えました。彼女の心のなかでは結婚する準備ができているとわかっているのにもかかわらず、特定のパートナーが出来ず、ジェリーの性生活には輝きが欠けていたのです。

　初めて彼女と話したとき、1日1週間を普段どのように過ごしているのか話してもらいまいした。起床して、出勤して、食料品を買って、ジムに行って、外食して、友人と映画を観て、テレビを見て、ショッピングをする、というように彼女の生活は完全に体制化されていることが判りました。これでは彼女の生活に新しいことが生じる余裕のないことは明白です。ジェリーは自分自身が自分を孤立させ、簡単に予想できる生活を送り、新しいチャンスを作る余裕を皆無にしていることに気が付きました。

　そこで、わたしは彼女に〈愛のアルター〉につかうアイテムをアドバイスしました。それからの数日間は、昼休み時間に街のなかの店を何軒もまわったり、自分の収納部屋や棚をしらべてアルターにふさわしい素敵なアイテムを手に入れました。彼女は書斎の北西の隅に小さなテーブルを用意し、そこに新しく購入したアイテムや家族の大切なものでアルターを創りはじめました。

　北西の空気のエレメントには、トップにハート型のシンボルがついた小さなスタンド式の風鈴。

　北東の水のエレメントには、彼女の大好きな香りの花ブルーライラックを挿した美しいカットクリスタルの花瓶。

　南東の火のエレメントには、陶磁器に小さな青いキャンドル。

　南西の土のエレメントには、ハート型の額をおいて、そこに古くから愛の伝説が語り継がれているラーダとクリシュナの絵を入れました。

　〈自分だけのシンボル〉には、母なる女神パールヴァティーの像をおいて、目的の純粋さを思い出しています。その像は家族に代々伝わる美しい青色の箱にのせました。

供物皿には、小さなガラス皿をつかってハート型の明るい黄色の貝殻、〈愛〉と書かれたエンジェルカード、青いクリスタルガラスを数個、それにブルーレースメノゥを飾りとしてそえることで、彼女のアルターは美と愛のすばらしい結晶に変身したのです。

　ジェリーは毎日アルターの前で祈り、自分の意志をささえるために宇宙と対話を創りあげる時間を忘れませんでした。2～3ヶ月のち、ジュリーから仕事仲間のすてきな男性との交際が始まったという連絡を受けました。彼と初めて夕食をともにしたとき彼女は心の揺れをはっきり感じ、今ではいつも心がやさしく活き活きとして感じるそうです。

　〈愛のアルター〉を創る儀式、そして心の願いを宇宙に差しだすことで、愛へと彼女自身を解放し感謝と喜びに満ちた新しい旅が始まったのでした。

運命の人と出会うための愛のアルター

配 置

空気：北西の場所におかれたのは小さなスタンド式の風鈴。

水：北東には、ライラックを挿した、カットクリスタルの花瓶。

土：南西の場所には、金色の額にはいった、献身的な愛を意味するラーダとクリシュナの絵。

火：南東の角に、青と白の磁器皿にのせた青色のろうそく。

自分だけのシンボル(図中p)：母なる女神パールヴァティーの像。

供物皿(図中o)：ハート型の黄色の貝殻、エンジェルカード、青いクリスタルガラス、ブルーレースメノウのはいった小さなガラス皿。

追加アイテム：母なる女神パールヴァティーの像をのせた青いビロードの箱。

〈豊かさのアルター〉のレイアウト

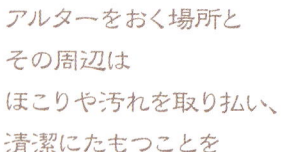

	西の壁	
土	p	空
	o	
火		水

南西（左上）・北西（右上）・南東（左下）・北東（右下）　（写真の図）

	北の壁	
空	p	水
	o	
土		火

北西（左上）・北東（右上）・南西（左下）・南東（右下）

> アルターをおく場所とその周辺は
> ほこりや汚れを取り払い、
> 清潔にたもつことを
> 忘れないでください。

〈愛のアルター〉のアドバイス

- アルターをおく場所とその周辺はほこりや汚れを取り払い、清潔にたもつことを忘れないでください。

- 〈愛のアルター〉は、家あるいは職場の北西部分で、窓枠、壁、テーブル、そのほかのおもてに出たところに創ります。設置場所に応じて、正面が北または西を向くようにします。

- 黄色と青色のアイテムを使用してください。

- 北西の空気のエレメントには、鐘、羽、お香、鳥の置物、天使、扇などをもちいます。

- アルターにエネルギーをそそぐには、青いクリスタルを赤い糸に23センチおきに通して、供物皿の上にぶらさげるとよいでしょう。

- 北東の水のエレメントには、水を入れたコップやボウル、あるいはアルターの色のどれかを使用した花瓶をもちいます。その水は目に見えている必要があるので、花瓶の場合はかならず半透明か透明なものにしてください。また花瓶には生きた花やシルクフラワーを挿してもかまいません。

- 南西の土のエレメントとしては、クリスタルやブルーレースメノウ、真珠のような石をつかいます。緑の植物や黄色または青い花の植物、たとえばアフリカスミレなどもよいでしょう。

- 南東の火のエレメントとして、ろうそくは理想的です。香りを加えたい場合は、イランイランを含んだものにします。オイルランプをもちいてもかまいません。できれば銀色のものを用意しましょう。

- 供物皿は黄色か青色のもの、あるいは銀色の金属製か透明なガラス製のものをつかいます。いずれにしてもアルターを補足するものとしてもちいます。

- アルター中央の供物皿のうしろにおく〈自分だけのシンボル〉は、女神、清らかさ、パワー、勇気を象徴する母なる女神パールヴァティーの像がよいでしょう。パールヴァティーは、至高の女性エネルギーまたはパワーであるシャクティをあらわします。あるいは、愛情のこもった関係の体現であるクリシュナの像でもよいでしょう。望みの経験を呼び起こすコラージュを、自分でつくることもできます。その場合は、力を与えてくれる言葉やシンボル、人物の古い写真や雑誌の切り抜きを利用するとよいでしょう。

- このアルターの目的が、新しいパートナーとの関係を前進させたり、すでにある関係を強めたりすることならば、アイテムをペアにします。2匹の魚、2羽のハト、2つのハートといったものが、成功する関係の象徴です。

- 宇宙エネルギーを強めるには、あらゆる障害物を取りのぞくガネーシャのヤントラ、あるいは願いをかなえるシュリ・カーリヤ・シッディのヤントラを供物皿にそえます。また、適切なルーン文字やエンジェルカード、アルターカードなどをそえてもよいでしょう。そのほかにも、アルターにエネルギーを吹きこむ黄色や青色の宝石やネックレスなどをつかってもかまいません。

活力を吹き込む儀式
月のヤントラと
マントラをつかって
成功する関係を引きよせる

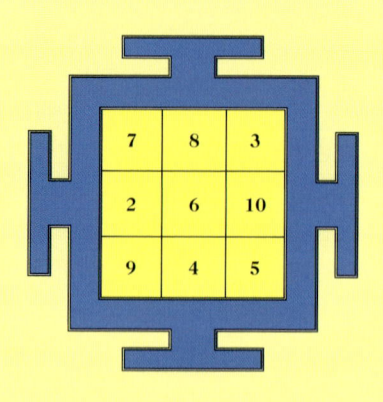

7	8	3
2	6	10
9	4	5

　北西のエネルギーに呼応して影響する星は月です。月は成功する関係と心の安定をささえてくれます。適切なヤントラ（月）につかえそうなバージョンを、わたしたちのウェブサイト www.vastucreations.com/freeyantras から無料でダウンロードすることができます。この本では、アルターに活力を吹き込む実現化テクニックをいくつか紹介しています。つぎのページで示すもの以外の方法については、第5章をごらんください。つぎに、月のヤントラとそれに対応するマントラをもちいた、〈愛のアルター〉に活力を吹き込むテクニックを示します。

活力を吹き込む儀式

- アルターのまえに立つ、あるいはひざまずきます。

- アルターの上にあるろうそく、またはお香に火をつけます。鈴や鐘がある場合は、それを鳴らして周りのエネルギーを浄化します。鐘の響きは気持ちを集中させ、今この瞬間を浮かび上がらせます。

- 月のヤントラを右手にもって、長くゆっくりとした深呼吸を鼻で10〜12回します。

- 望んでいるものを持った感情を想像します。具体的なことに意識を集中するのではなく、幸せや平和な感じ、充実感、愛などを、ただ感じてください。

- 供物皿にヤントラをおきます。

- 右手の小指と人差し指を立てて、そのあいだの2本の指をてのひらに押しつけるように曲げます。親指はその2本の指のうえにおきます。

- 手でこのムドラーをつくり、アルターに向かって、その腕を前後に9回動かします。

- 腕をアルターのほうへ伸ばすたびに意識を集中して、熱意を込めて、つぎのマントラを唱えます。

    マントラ：オム　チョンドレィ　ナーマハー

- 以上のプロセスを終えると、アルターには活力が吹き込まれています。

- アルターに愛と感謝を捧げることを忘れないでください。そうすることで、結果に肯定的な影響がおよぼされるのです。

運命の人と出会うための愛のアルター

〈愛のアルター〉に対応するもの

メインカラー	黄色
サブカラー	青
性質	変化
アロマ	イランイラン
宝石	真珠、ムーンストーン、ブルーレースメノウ、またはレモンクォーツ
金属	銀
ヒンドゥー神	母なる女神パールヴァティー、クリシュナ
ヤントラ	ガネーシャ・ヤントラ*
マントラ	オム　グン　ガナーパタイェー
そのほかのスピリチュアル導師	聖ヴァレンタイン、大天使ガブリエル、エロス、ルナ、ヘラ
個人にとっての神聖なアイテム	幸せな関係にある人たち、あるいは自分にとって良好な関係の象徴
特別な人物	良好な関係をあらわす憧れの人
曜日	月曜日
太陽系	月
動物	ネズミ
方角を司る主	ヴァーユ
エレメント	空気
植物	ユーカリ
感覚	接触
形	三日月

*「ガネーシャ・ヤントラ」(および対応するマントラ) は供物皿にのせてもよいし、別個に、あるいはアルターに活力を吹き込む儀式のときの副次的ヤントラとしてつかってもかまいません。

愛情のこもった関係

　愛情のこもった家族関係を強めるため、わたしたち夫婦は子どもたちがティーンエイジャーのときにアルターを創りました。彼らは19歳、17歳、14歳で、家族は未知の領域のまっただなかにあり、夫婦のふるまいと同様、子どもたちの行いを尊ぶための、神聖な場を必要としていました。わたしと夫は子どもたちにとって親であるだけでなく、生涯の友人でありたいと願い、その思いを固く胸にいだきながら、いっそう深い感情を呼び起こすことをねらいとして、アイテムを選びました。わたしたちはアルターを小さいテーブルの上に創り、家の北西の領域の西

> "自分だけのシンボルには、家族の何人かを含んだ、活き活きとしたコラージュを創りました。3人の子どもをデザインのいちばん上において、魅力的な額に入れたものです。"

の壁に設置しました。子どもたちとの関係の障害になりそうなものをすべて取りのぞくため、保護神および旅の神と考えられている象頭神ガネーシャを、地のエレメントに選びました。彼の透明なクリスタル像を飾台にのせて、テーブルの南西の隅におきました。北西の空気のエレメントとして、上部にハートのシンボルのついたスタンド型の風鈴をおきました。北東におく水のエレメントには、子どもたちの才能と美しさのシンボルとして、黄色いバラと3本の健康なシダを入れた平たい銅製のボウルをもちいました。わたしたち夫婦は、才能ある独創的な子どもたちに恵まれたことを、とても幸運だと思っています。南東の火のエレメントと

しては、透明なガラスの器に入れた黄色のろうそくを用意しました。関係の性質を強調する北東とむすびついた香り、イランイランが含まれたろうそくです。空間のエレメントには、祖母のものであった手吹きの美しいガラスボウルをえらびました。そこに、「優しさ」と印刷したエンジェルカードを入れて、さらに彫刻したハート型のテラコッタをそえました。〈自分だけのシンボル〉には、家族の何人かを含んだ、活き活きとしたコラージュを創りました。3人の子どもをデザインのいちばん上において、魅力的な額に入れたものです。またデザインの要素として、青いガラス玉をテーブルの上に散らしました。アルターに活力を吹き込むときは、北西の方角のヤントラである月星のヤントラを使いました。

　そのまえを通るときには、かならずアルターを賛美し、愛を伝えました。そうした行為もアルターの潜在力を高めるとわかっていたからです。長いあいだ〈愛のアルター〉は、人生において大変珍しい道のりを歩んでいるあいだも、愛情のこもった家族関係を続けたいというわたしたちの願いをささえてくれました。それから何年かたち、子どもたちも今では20代の青年になり、最高に充実した生活を送っています。彼らの親として、そして友人として、わたしたち夫婦は彼らの成し遂げたことをとても誇りに思っています。それ以上にわたしたちは、彼らが解放した心と与えるものを多く持つ、無類の独創的な人たちになったことに感動しています。

〈愛のアルター〉用の置物の一例

職場での女神

　観音と聖母マリアは、いつでも神の女性エネルギーである愛と慈悲の、特別なシンボルでした。クライアントのひとりリンジーは、観音と聖母マリアは、彼女のアルターにとって、完璧な味方になってくれると考えました。彼女は自分のすべてを、強さも弱さも含めて受け入れて、認めてくれ

る関係をもとめていました。デートには飽きあきしていて、一緒に出かけるだけの関係以上の人を探していたのです。つまり心と魂の結びつきを望んでいたのです。それまで知り合った男性たちは、熱狂的日曜スポーツ愛好者かニューエイジ狂信者のどちらかでした。彼女自身スポーツは好きでしたが、バランスのとれた生活を望んでいました。趣味を分かち合えて、精神的にも感情的にもともに成長できるような人が必要だったのです。それは、調和がとれていて、彼女が自然とアウトドアライフを大好きだということを楽しんでくれる男性でなければなりませんでした。リンジーは毎日時間をつくってアルターのまえにすわり、目には見えないけれど存在はわかっている女神との結びつきを感じていました。ひと月もたたないうちに、彼女は自分の理想と一致する男性と出会いました。彼女は、望むものをもとめ、女性神との結びつきを強めるアルターを利用した簡単なプロセスが、それほど強力であることに驚きました。

ニコールの物語

〈愛のアルター〉用のアイテム

　ニコールは美しく才能に恵まれ、グラフィックアーティストとして独立し自宅で仕事をするスタイルに満足している成功した女性であり、多くのすばらしい女友達に囲まれ充実した生活を送っていましたが、最後のデートからすでに3年がたっていました。そこで、ニコールとわたしは、彼女の家周辺で見つけたものをつかって、小さな〈愛のアルター〉を出窓に創りました。

　〈自分だけのシンボル〉を選ぶときには、自分の人生にいてほしい人を象徴する人物の写真を雑誌から探してきてはどうかと提案しました。また、結婚しておよそ30年たつ今でも強いきずなで結ばれている友人夫妻の写真もそえました。1週間もたたないうちに、ニコールは3人の男性からデートにさそわれ、甘い笑顔の心の優しい人を選んだということです。

信念を持ち、心を解放しつづける

　夢と願いをささえてくれる愛情は、あなたの周りにあります。心の願いは、望むものをもとめることによってのみ答えを得て、実現するのです。必要なのは、進行中のプロセスを信じること、いずれ助力を得ることを信じること、そして、すすんで心を解放しつづけることです。あなたの伸ばした手が見えざる存在の愛情あふれる腕に触れたとき、本物の奇跡が始まります。

> 心の願いは、
> 望むものをもとめる
> ことによってのみ
> 答えを得て、
> 実現するのです

「愛と呼ばれる
この並外れたものが心に宿り、
その深さと喜びと忘我を感じた瞬間、
自分のために世界が変わったことを
発見するだろう」

——J. クリシュナムルティ

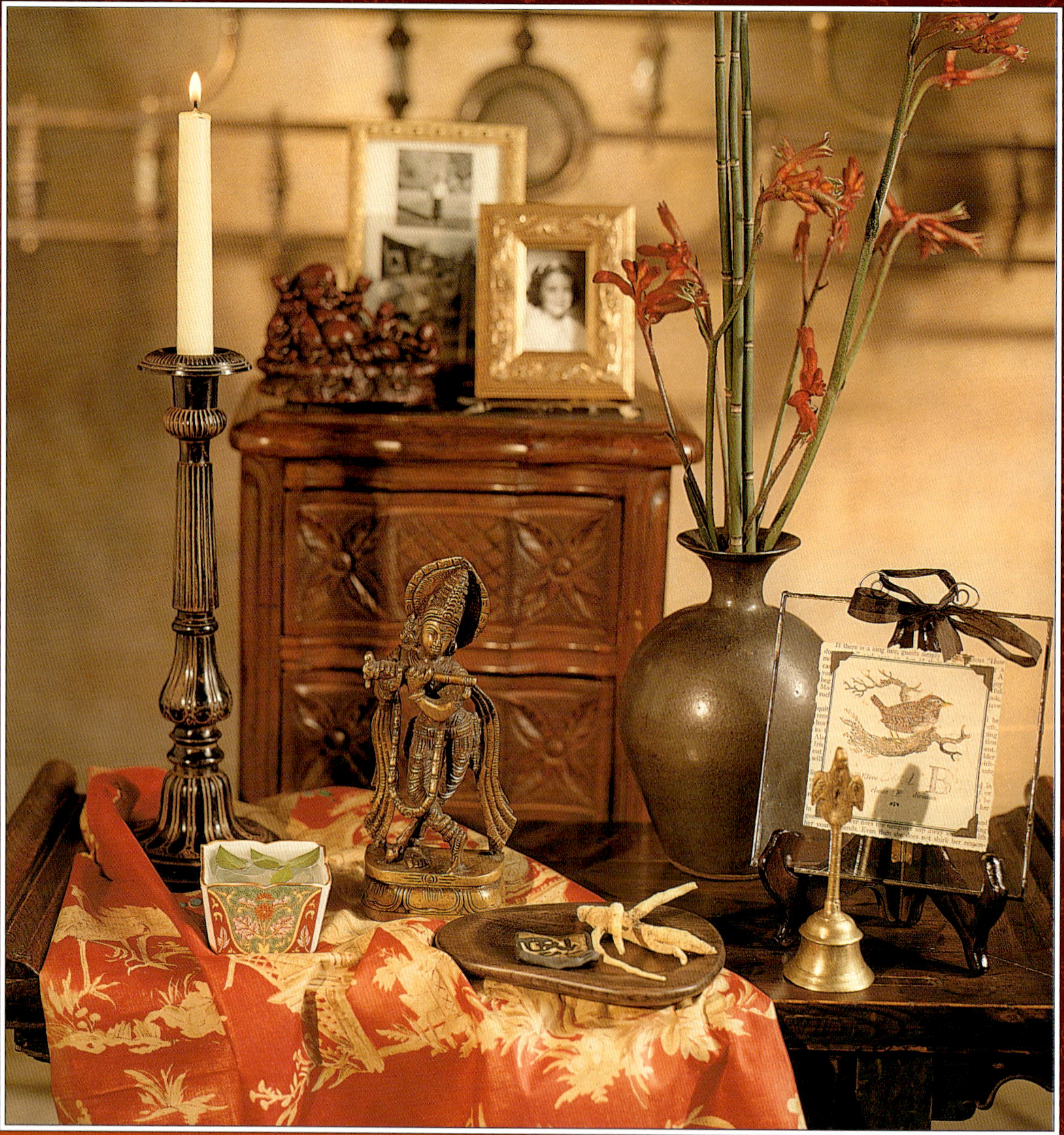

chapter 8
仕事で活躍するためのアルター

仕事で成功して認められるとは、どういうことでしょうか。夢の仕事に就くことでしょうか？　それは自分を幸せにしてくれるだけでなく、他人にも利益がおよぶこともあるでしょう。もしかしたら仕事仲間に認められたり、重役になったり、あるいは高給を受けることが成功と同義の場合もあります。本当に大切なことは、どれだけ充実感を持って仕事が行えるか、ということなのかもしれません。

ちょっと想像してみましょう。あなたは専門的な仕事がうまくいき、そのおかげで成功者となり、尊敬され、皆の憧れの的となりました。そんな自分を描いたとき、どんな気持ちになるかを意識してみてください。発展する感じがしますか、それともそんな可能性を疑いますか？　どんな人でも程度の差こそあれ、わたしが「信じない人(ディスビリーバー)」と名づけた側面を内に持っています。その主な機能は、現状を維持し、経験をすでに知っている範囲に限定してしまうことです。しかし、そんなことに人生を永久に支配される必要はありません。アルターを創ることが、あなたの願う、成功して認められるという過程に立ちはだかる思考や信念、限界の影響を小さくするのを助けてくれます。また、アルターはあなたの心を育て、あなたの仕事を応援してくれるでしょう。

成功の祝福

わたしは大学院を修了したあと、自宅のダイニングに〈活躍のアルター〉を創りました。全体設計学で修士号を取得した自分を認めてもらいたかったのです。同時に自分の意欲の炎をあおり立て、助力を得て将来の成功を呼び込みたい、

自分の多角的な教育技術を新しい仕事の道を歩むにあたって不可欠な部分として使いたい、とも思っていました。

このアルターは、南の壁の最小限のスペースに築きました。いつでも身近に触れていたかったので、ダイニングは理想的な選択肢に思えました。

自分の祭壇用にえらんだのは、意味を持ちながらも風変わりなものでした。どのアイテムも愛情を込めてえらびました。アルターを創る過程では多くのアイテムをえらび、アルターを完成するまえに捨てたものもあります。わたしはまず、〈自分だけのシンボル〉として自分の大学卒業時のすてきな写真から始めました。指導教官のカイロ出身の建築家ファールーク・セイフ博士がわたしにフードをかぶ

> これらのアルターは、人生に神のインスピメレーションと恵みが生活に注がれ、夢の実現を助けてくれるよう願うことのできる、神聖な場所として生まれました。

せようとしている写真で、達成と完成の象徴です。発展と高揚を感じた瞬間は、わたしにとって、けっして忘れることのない瞬間です。この写真は、わたしの公式な勉学探求の終結と、未知の冒険が待つ新しい世界の始まりをあらわしています。学校で習得した独特の技術と能力で、意味のある表現方法を実現し、今後の仕事を作りあげる時がきていました。

この写真は、アルター上のほかのアイテムの基礎となります。空間が限られていたので、北西の空気のエレメントには、インドの友人がくれた小さなベルをえらびました。北東の水のエレメントには、カットクリスタルの小さな香水瓶をつ

かい、それに純水を満たして、異国情緒ある赤い蘭を挿しました。南東の土のエレメントは、以前に家庭用品店で買った赤いティーポットのミニチュアです。神のインスピレーションに心を解放したまま、物質的な感覚を象徴的にあらわすものとして、金属製のティーポットをえらびました。またそれによって、頭のなかにあった熱く豊富なアイデアが具現しました。そのアイデアは、自分の奥深くに根づいていた現実的なインスピレーションから放出されるのを、今かいまかと待っていたのです。南東の火のエレメントには、花束のような魅力的な赤いろうそくをおきました。供物皿は銅製の小皿です。そこに赤いガラス玉と、この祭壇の製作によって願いをさらに勢いづけるために「success（成功）」と自分で書いたエンジェルカードを入れました。最後に、アルターウェア社のわたしの作品〈活躍のネックレス〉をそえました。そのネックレスには〈惑星のヤントラ〉とこの方角のシンボル、願いと結びついた色の石やビーズがふくまれています。〈自分だけのシンボル〉のまえには、あらゆる障害物を取りのぞく、小さなガネーシャ像をおきました。〈自分だけのシンボル〉の額には、スピリチュアル導師シュリ・シュリ・ラビ・シャンカールの極小写真をそえました。彼は、この教育的な経験をしているあいだ、ずっとわたしの案内人であり、心のよりどころでした。彼の存在によってわたしはインスピレーションを与えられ、この旅が心と頭脳と魂のプロセスだと思い出させてくれました。完成したアルターはわたしの達成をあらわしていて、見るたびにうれしさが込み上げてきました。それと同時に、頭と心をいつも解放しておき、つぎになにが起きようと、精神的な結びつきを正しく調整しておくことの重要さを思い起こさせてくれました。

仕事で活躍するためのアルター

配置

空気：祭壇の北西場所には小さな銅製のベル。

水：北東には、水と蘭を入れた小さな花瓶。

土：アルターの南西の場所には、新たなチャンスを内包するものを象徴するティーポット。

火：南東の角に、赤い花束の形をしたろうそく。

自分だけのシンボル（図中p）：大学院修了式の写真と、わたしの霊性の師の小さな写真を額に入れたもの。

供物皿（図中o）：アルターの中央には、エンジェルカードに赤いガラス玉と〈活躍のネックレス〉をそえた銅製皿。

神：進行中のあらゆる仕事の成功を後押ししてくれるヒンドゥー神ガネーシャ。

追加アイテム：トレイに散らせた、紙製の小さな金色の星。

〈活躍のアルター〉のレイアウト

〈仕事で活躍するためのアルター〉のアドバイス

- アルターの周辺はかならず清潔にして、アルターは南の壁や窓に背を向けて、あるいは家または職場の南部分に設置します。

- 赤と金色が、アルター上のアイテムのどこかにあらわれるようにします。

- 北東の水のエレメントは、アルターに対応する色の生花でもよいでしょう。花瓶は透明、あるいは淡い色のものでもかまいません。

- 南東には赤か金色のろうそく、またはオイルランプをおきましょう。

- 南東には赤か金色の石またはクリスタルをつかいます。障害となるもの全部を取りのぞくガネーシャ像や、豊饒・植物・そのほか自然のものの女神ラクシュミーをもちいてもよいでしょう。

- 北東の空気のエレメントには、スタンド型の風鈴やお香、扇、羽などをつかいましょう。

- 望みの成功と認知を自分の方へ向け続けさせるために、赤いオーストリア有鉛クリスタルを23センチおきに赤い糸に通して、アルターの中央にぶらさげるとよいでしょう。

- 供物皿として、小皿や小さな器をアルターの中央におきます。赤か金色のものをつかいましょう。

- 成功までのあらゆる障害物を取りのぞくため、供物皿にガナパティ(ガネーシャ)のヤントラをそえます。

- 供物皿に入る大きさの無地の紙片に言葉を手書きしたもの、あるいは神から授かりたいと願っているものの象徴をそえましょう。

- アルターの中央、供物皿のうしろには〈自分だけのシンボル〉をおきます。像、写真、コラージュ、または成功した感覚を呼び起こす写真などがよいでしょう。

活力を吹き込む儀式
火星のヤントラと
マントラをつかって
仕事で活躍するためのアルターを創る

8	9	4
3	7	11
10	5	6

　各方角にはそれぞれ特徴的な影響力と、関連する惑星があります。火星は仕事の成功と認知に影響を及ぼし、南の方角と結びついています。好みに応じて、自分の祭壇に、火星に対応する方角ヤントラをつかいましょう。ヤントラを自作して描いたり模写したりしてもかまいませんし、わたしたちのウェブサイト www.vastucreations.com/freeyantras から無料でダウンロードして使うこともできます。活力を吹き込むそのほかのプロセスは第5章で紹介しています。ここで示したのは〈仕事で活躍するためのアルター〉用の活力化プロセスであり、火星ヤントラとそれに対応するマントラをつかっています。

活力を吹き込む儀式

▨ アルターのまえに立つ、あるいはひざまずきます。

▨ アルターの上にあるろうそく、またはお香に火をつけます。鈴や鐘がある場合は、それを鳴らして周りのエネルギーを浄化します。その響きが高位の繊細な振動と共鳴して、意識を今のこの瞬間に集中させます。

▨ 右手に火星のヤントラを持って、長くゆっくりとした深呼吸を鼻で10～12回します。

▨ 望みのものを持っている感情を経験します。具体的なことに意識を集中するのではなく、幸せや平和、充実感、愛などを、ただ感じてください。

▨ 供物皿にヤントラをおきます。

▨ 右手の小指と人差し指を伸ばし、そのあいだの2本の指をてのひらに押しつけるように折って、親指でその2本の指をおさえます。これをムドラーといい、特定のパターン通りにエネルギーを動かす手の位置を示すサンスクリット語です。

▨ 手でこのムドラーをつくり、アルターに向かって、その腕を前後に9回動かします。

▨ 腕をアルターのほうへ伸ばすたびに意識を集中して、熱意を込めて、つぎのマントラを唱えます。

マントラ：オム　モンガーラー　ナーマハー

▨ 以上のプロセスを終えると、アルターには活力が吹き込まれています。

▨ 毎日かならず、少しでもアルターを意識する時間をつくってください。そうすればアルターの活力が刺激され、エネルギーを発しつづけます。

仕事で活躍するためのアルター

〈仕事で活躍するためのアルター〉に対応するもの

メインカラー	赤
サブカラー	金色
性質	認知
アロマ	乳香
宝石	モモイロサンゴ、ガーネット、ルビー、紅玉髄などの、赤あるいは金色の石
金属	銅、金色
ヒンドゥー神	妨害物を除去する神ガネーシャ、富の女神ラクシュミー
ヤントラ	ガネーシャ・ヤントラ*
マントラ	オム　グン　ガナーパタイェー
そのほかのスピリチュアル導師	ヘルメス、聖カエタヌス、大天使ミカエルおよびチャミュエル
個人にとっての神聖なアイテム	成功した感覚を呼び起こす褒賞や写真、手書きのもの、霊感を受けるアイデアなど
特別な人物	尊敬する業績を上げた人
曜日	火曜日
太陽系	火星
動物	ライオン
方角を司る主	ヤーマ
エレメント	土／火
植物	ブナ
感覚	該当なし
形	該当なし

*「ガネーシャ・ヤントラ」（および対応するマントラ）は供物皿にのせてもよいし、別個に、あるいはアルターに活力を吹き込む儀式のときの副次的ヤントラとして使ってもかまいません。

宇宙の力を味方につける

わたしたちのクライアントには、コンピューター業界で活躍する人たちが世界中に数多くいます。サンジーヴは1年以上大規模なテクノロジー企業に勤めており、当時のチームと一緒に働くことを楽しんでいましたが、忙しさに埋没して充分な能力を発揮できずにいました。鋭い頭脳と会社に対する強い意欲を持っていた彼は、プログラミングだけにおさまらずマネジメントへと進みたいと望んでいましたが、どうすれば変化を推し進められるのか判らずにいました。

> 風鈴の響きは意識を集中させ、気持ちを今この時に合わせます。

そこで私たちはサンジーヴに会い、引っ越したばかりの窓のない新しいオフィスに〈仕事で活躍するためのアルター〉の製作を創ることを提案したのです。思考力と生産性を高めるためのアルターを小さなテーブルの上の設けて南の壁に設置しました。まずはサンジーヴの妻の赤いスカーフをアルターの基礎として敷きました。北東にある水のエレメントには金色の花瓶をつかい、彼の情熱を表す美しい赤いバラを挿しました。南西には土のエレメントとして、喜びをもって障害を乗り越え成功するというシンボルの踊るガネーシャ像を置き、南東の火のエ

レメントには、星の形をした赤いろうそくを。南西の空気のエレメントには、第3の目を刺激して明確な思考をうながす風鈴を使用。自分だけのシンボルには、結婚記念日のプレゼントとして妻に贈るつもりの、金色とルビーのイヤリングを加えました。アルターを通じて夫婦のエネルギーが強まることで、成功に向けて彼の能力が最大限に発揮できるように願ったのです。

そして、ひとたび活力が吹き込まれるとすぐに、サンジーヴのアルターは仕事においてすばらし成果を見せ始め、数ヶ月のうちにさらに責任のあるメンバーとしてチームに加わり、大きな窓のある快適なオフィスを与えられるようになりました。

自分自身を取りもどす母親の物語

いちばん下の子供がカレッジに行くことになり、ローラは自分自身の将来について考えるようになりました。3人の子供を立派に育てあげた彼女は非の打ち所のない母親でしたが、時は移り変わり、離婚した彼女は仕事に就く必要にせまられていたのです。

そこで20年ほどまえに芸術学士号を取得し、仕事をしていた家の南側にある部屋にアルターを創ることにしました。はるか以前に中断したままの仕事を再開するためには理想的な場所だと思ったからです。

アルターを創りあげる作業それ自身が大変意味深い経験となりました。〈活躍のアルター〉は今まで生きてきた人生の旅の純粋な深みを表し、将来への希望を実現するための力を湧きたたせるものとなったのです。

今までの経験、全ての希望と将来の成功を信じる心を注ぎ込み、アルターのもとに座り、契約した織物の優雅なデザインを創造しました。その後、望んでいた仕事での成功を手にいれるのには時間がかからなかったことは言うまでもありません。

〈仕事のアルター〉用アイテムの数々

開かれる成功への扉

　多くの友人たちはワシントン州東部の農村社会での生活を選びましたが、イヴは羽を広げ活躍している自分の夢と可能性を信じて、高校の卒業証書を手に大都会へと向かいました。小さな町の少女だったので大都会での生活に不安はありましたが、心のなかで、やってみなければ必ず後悔することだけはわかっていたのです。

　彼女がダウンタウンのコーヒー店で働きはじめて２，３ヶ月がたった頃、私たちは会いました。仕事そのものはペースが速く、やりがいがあり大変その仕事を気に入っている様子でした。毎日を興味深く観察し、意欲的に仕事をする彼女は何人もの常連客を持つほどになっており、すべてが順風満帆に進んでいましたが、ただ、小さなアパートの共同生活をしていてもやりくりは大変だったのです。彼女は〈活躍のアルター〉を創ることで、宇宙に自分はさらなるものへの準備ができていることを知らせたいと願っていました。

　それから数週間のうちに、イヴはもっと責任のあるマネジャーへの昇進と昇給の申し出を受けることになり、思いがけず早い成果に大喜びし、宇宙の豊かで大きな度量にたいへん感謝することとなりました。

〈仕事のアルター〉用アイテムの例

限りない恵みを受けとる

　宇宙の持つ限りない恵みは、心を解放し、自ら学び成長することを望む気持ちさえもっている人ならば誰でも受けとることが可能です。あなたのために開かれた扉を通り抜けてやってくるのです。どんなチャンスが向こうで待っているのか、見てみませんか。

「自分を幸せにする
　真の方法は、
　自分の仕事を愛し、
　そのなかに喜びを
　見出すことだ」

　　——フランソワーズ・ドゥ・モットヴィル

Good Health

chapter 9
健康を向上させるアルター

良好な健康状態は、神からの素晴らしい贈り物です。朝、喜びとともに目覚め、エネルギーがあふれ出し、心も開放されている状態を想像してください。肉体的または精神的な疲れや痛みを感じながらベットから這い出ることなく、充分な休息によって得られる爽快感と前向きな気持ちを感じられたらどんなに素晴らしいことでしょう。心身ともに健康状態が良好であれば、日常や世界を見る視点も大きく広がり、人生はより豊かなものになります。

いろいろなレベルで癒す

　ラスは、消えることのない種類の痛みのなかで生きていました。さまざまな手術は彼を家にしばりつけ、数え切れないほどの医師と処方は、彼を癒す助けになりませんでした。伝統的医療も試してみましたが、満足できる救いはえられず、深い失望と幻滅を抱いていました。
　痛みのせいで短気になり、他人とのコミュニケーションでは緊張し、孤独に過ごす時間がどんどん長くなった彼にもっとも必要なものは、愛と人との結びつきであるのにも関わらず、それらを手に入れることはもはや絶望的な状況だったのです。
　ラスを見かねた兄ジョンは、ラスを助けるのに役立つアドバイスをもとめて、私たちに電話をしてきました。
　わたし自身、肉体的な困難を経験したことがあったので、極端な肉体的苦痛には、かならず感情的な要素があることをジョンに伝えました。それは怖れや嘆き、救すことができないという形で、痛みが宿る場所なのです。

> 土のエレメントは、
> 愛と慈悲、そして
> ラスが切望してやまない
> 癒しをあらわす、
> 聖母マリアの
> 美しい彫像です。

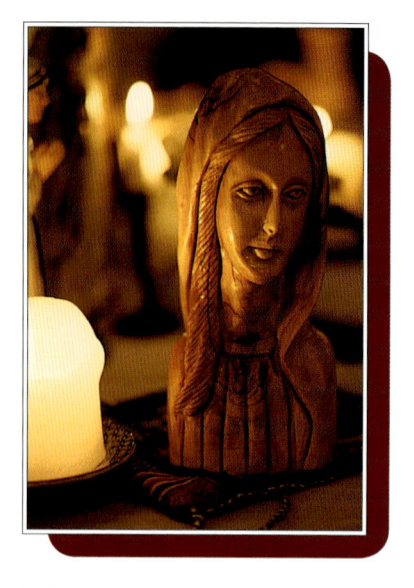

　そこで、今までのように肉体的苦痛に注目するのではなく、苦痛に関連している「気づき」を導くための新しい角度からアプローチしてみることを提案しました。ジョンがラスに〈健康のアルター〉を創る手助けを、わたしたちから得たいと思うかどうか様子を聞いてみたところ、ラスはわたしたちの手助けを望んでいると伝えてきました。実のところ、彼はわたしたちの都合がつき次第、すぐにでも会いたいと熱心だったそうです。わたしたちが何をするのかジョンに手短に説明し、次の朝、会う約束をしました。
　ラスは日当たりの良いアパートの彼には動きやすい小さな部屋に住んでいました。30代半ばの魅力的な男性でしたが、体に宿る痛みはその目に見てとれました。
　わたしたちが着くまでに、アルターに使うための自分にとって意味のあるアイテムをいくつか用意していたので、毎日を過ごしているリビングルームの東の窓のまえにアルターを創ることにしました。
　まず、空気のエレメントには鳥の小さな羽を持つ手首に針金が巻かれた木彫りの美しい置物を。そのイメージは、やる気、ひらいた手、どうにもできない力、それでも自由に飛びたいという希望といった彼にとって大きな意味を持つ象徴的なアイテムです。水のエレメントとしては、小さなランとシダ、白いカーネーションを新鮮な水を入れた透明な花瓶に挿しました。土のエレメントでは、愛と慈悲、そしてラスが望んでやまない癒しをあらわす聖母マリアの彫像。火のエレメントは、友人から贈られた小さな金色のプレートにろうそくを置いたものです。供物皿には金色の八角形の鏡を使用して、そこに彼が幸せだったころの思い出の品を「trust（信頼）」と印刷されたエンジェルカードと一緒につけ加えました。〈自分だけのシンボル〉は、湖でヨットセーリングを楽しむ彼自身の写真です。彼は生涯でもうちいど、制限されない自由を感じたいと望んでいました。その前に置かれている供物皿の鏡の上には、障害物を取りのぞく像頭神ガネーシャの小像も沿

えました。治療の妨げになるものすべてを取りのぞき、自分の状況について理解したいと望んでいたのです。

わたしたちは一緒にアルターを築いたあとクライアントがどのようにしているのか、定期的にチェックをおこなっています。ラスからは、驚くべき進展が報告されました。わたしたちが訪れてから2、3週間のあいだに、彼は自分の怒りと失望が自分のことをもっとも気にかけてくれた人たちをどれほど遠ざけていたか、悟り始めました。肉体の苦痛とつき合ううちに、どうしようもなく必要としている愛や優しさに防壁を自ら建ててしまっているという事実は、とても思いがけない発見でした。彼はまだ苦痛のなかにいましたが、そのことに抵抗するのではなく、受け入れ始め、自分が理解しなければならない何かを教えてくれるために、苦痛がそこにあるのだと気づき、楽しむようになったと語ってくれたのです。

彼はまた、ある友人がトレーニングを受けた女性のレイキ療法士を連れてきてくれたことを話してくれました。彼女のその優しい癒しは、慢性的な苦痛のなかで経験する緊張と不安をラスから取り去る助けになりました。痛みが和らぐ一瞬一瞬を感じられるそのような治療は、ラスにとって奇跡そのもので、長い闘病生活のなかで初めて内なる平和に気づき、感謝の波が心へと押し寄せるものとなりました。どうにもできないことへのこだわりを弱めることによって、新たな可能性の世界を受け入れ始めたのです。

健康を向上させるアルター

配 置

空気：北西の場所には、手首に針金を巻いた木彫りの手に羽をのせたもの。

水：北東には、水を入れてラン、カーネーション、シダを挿したガラスの花瓶。

土：南西の場所には、慈悲とラスの癒しを象徴する聖母マリアの像。

火：南東の角に、金色の皿にのせた小さなろうそく。

自分だけのシンボル（図中p）：すてきな額縁に入れた、湖でヨットセーリングを楽しむラスの写真。

供物皿（図中o）：アルターの中央には、八角形の金縁鏡にのせた思い出の品。

神：障害を取りのぞく者であり知恵の神であるガネーシャ。

追加アイテム：かなめ石がアルターに活力を吹き込むのにもちいられ、ほかの大切な品々とともに供物皿におかれています。補足的な水のエレメント──貝殻。

〈健康と幸せな暮らしのアルター〉のレイアウト

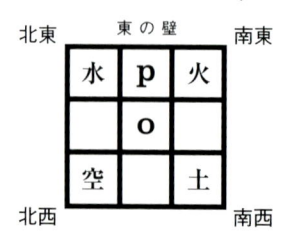

	東の壁	
水	p	火
	o	
空		土

北東　　　　　　　　　南東

北西　　　　　　　　　南西

〈健康と幸せな暮らしのアルター〉の アドバイス

- アルターの周辺はかならず清潔にし、東の壁や窓に背を向けて、あるいは家または職場の東部分にアルターを設置します。

- 白と金色をアルター上のアイテムとして使用します。

- 北東の水のエレメントは、アルターに対応する色の生花でもよいでしょう。花瓶は透明、あるいは淡い色のものでもかまいません。

- 南東の火のエレメントには白か金色のろうそく、またはオイルランプをおきます。

- 南西の土のエレメントには白か金色の石またはクリスタルをおきます。治療のための薬師仏像や、あらゆる障害を取りのぞくガネーシャ像をつかいましょう。また鉢植えの植物や、そのほか自然のものをもちいてもよいでしょう。

- 北西の空気のエレメントには、スタンド型の風鈴やお香、扇、羽などをつかいます。

- 望んでいる健康と癒しを自分の方へ向け続けさせるため、透明な有鉛オーストリアクリスタルを23センチおきに赤い糸に通して、アルターの中央にぶらさげるのもよいでしょう。

- 供物皿として、小皿や小さな器をアルター中央におきます。白か金色のものをつかいましょう。

- 健康の向上を後押しするため、供物皿にムルチュンジャヤ・ヤントラを加えます。あなたとほかの人たちの健康と癒しへのあらゆる障害物を取りのぞくため、ガナパティ（ガネーシャ）のヤントラをそえてもかまいません。

- 供物皿に入る大きさの無地の紙片に、経験したいと望んでいる感情を呼び起こす言葉や成句を手書きします。メディシンカードやタロットカードなどの別の象徴的なものをそえてもかまいません。

- アルターの中央、供物皿のうしろには〈自分だけのシンボル〉をおきます。像、写真、コラージュ、または健康と幸せな感覚を呼び起こす写真などにしましょう。

活力を吹き込む儀式
太陽のヤントラとマントラをつかって〈健康と幸せな暮らし〉を創る

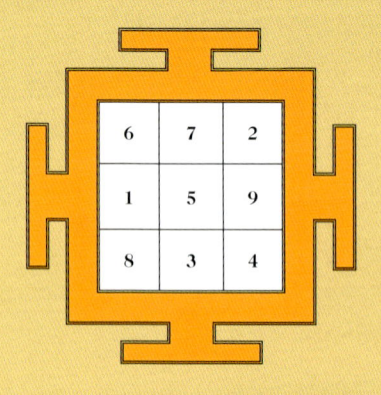

6	7	2
1	5	9
8	3	4

　各方角にはそれぞれ異なる影響力と、関連する星があります。太陽は健康に影響をおよぼし、東の方角と結びついています。好みに応じて、上の図に示した太陽に対応する方角ヤントラをつかってもよいでしょう。ヤントラのオリジナルバージョンを自作して描いたり模写したりしてもかまいませんし、わたしたちのウェブサイト www.vastucreations.com/freeyantras から無料でダウンロードすることもできます。そのほかの活力を吹き込むプロセスについては第5章をごらんください。ここで示したのは〈健康のアルター〉用の活力化プロセスであり、太陽ヤントラとそれに対応するマントラをつかったものです。

活力を吹き込む儀式

- アルターのまえに立つ、あるいはひざまずきます。

- アルターの上にあるろうそく、またはお香に火をつけます。鈴や鐘がある場合は、それを鳴らして周りのエネルギーを浄化します。その響きが高位の繊細な振動と共鳴して、意識を今のこの瞬間に集中させます。

- 右手に太陽のヤントラを持って、ゆっくりと鼻で10〜12回深呼吸します。

- 望みのものを持った感情を想像します。具体的なことに意識を集中するのではなく、幸せや平和、充実感、愛などを、ただ感じてください。

- 供物皿にヤントラをおきます。

- 右手の小指と人差し指を伸ばし、そのあいだの2本の指をてのひらに押しつけるように折って、親指でその2本の指をおさえます。これをムドラーといい、特定のパターン通りにエネルギーを動かす手の位置を示すサンスクリット語です。

- 手でこのムドラーをつくり、アルターに向かって、その腕を前後に9回動かします。

- 腕をアルターのほうへ伸ばすたびに意識を集中して、熱意を込めて、つぎのマントラを唱えます。

    マントラ：オム　シルイェー　ナーマハー

- 以上のプロセスを終えると、アルターには活力が吹き込まれています。

- 毎日かならず、少しでもアルターを意識する時間をつくってください。そうすればアルターの活力が刺激され、エネルギーを発しつづけます。

健康を向上させるアルター

〈健康と幸せな暮らしのアルター〉に対応するもの

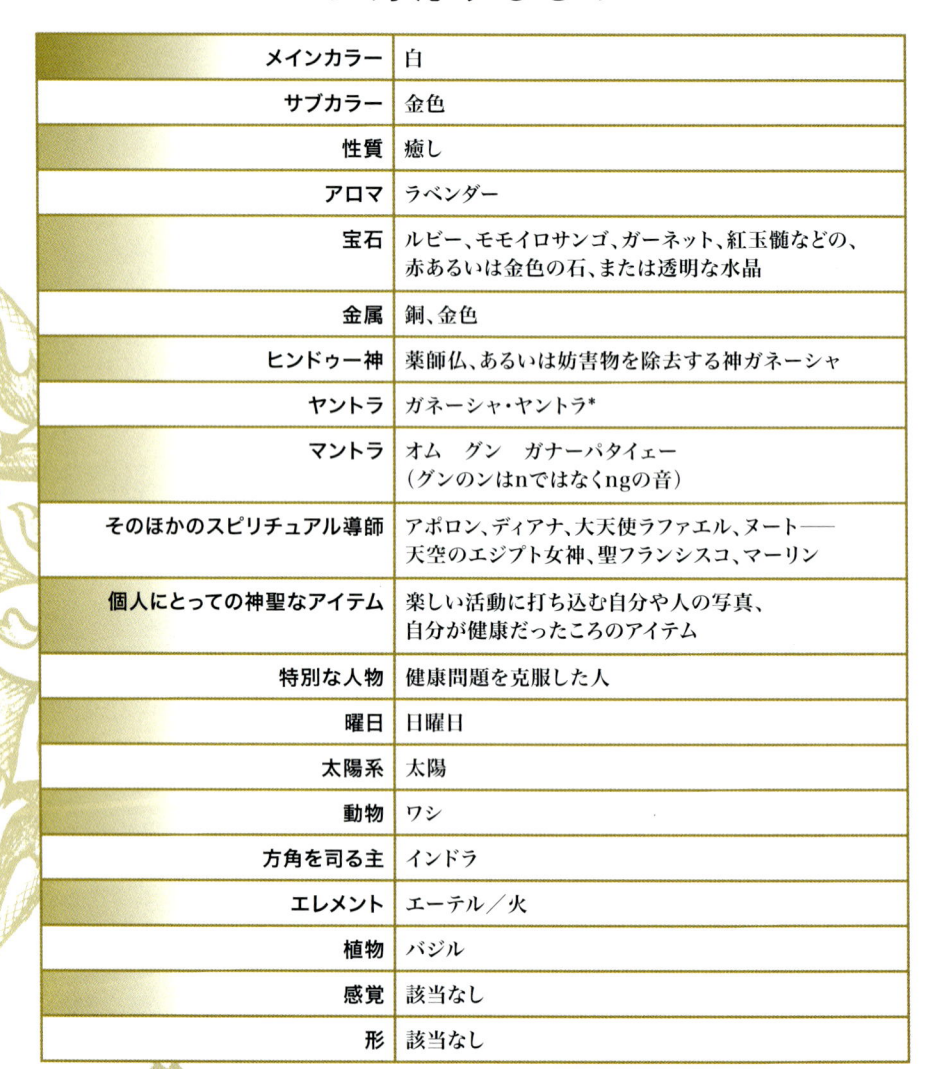

メインカラー	白
サブカラー	金色
性質	癒し
アロマ	ラベンダー
宝石	ルビー、モモイロサンゴ、ガーネット、紅玉髄などの、赤あるいは金色の石、または透明な水晶
金属	銅、金色
ヒンドゥー神	薬師仏、あるいは妨害物を除去する神ガネーシャ
ヤントラ	ガネーシャ・ヤントラ*
マントラ	オム　グン　ガナーパタイェー（グンのンはnではなくngの音）
そのほかのスピリチュアル導師	アポロン、ディアナ、大天使ラファエル、ヌート――天空のエジプト女神、聖フランシスコ、マーリン
個人にとっての神聖なアイテム	楽しい活動に打ち込む自分や人の写真、自分が健康だったころのアイテム
特別な人物	健康問題を克服した人
曜日	日曜日
太陽系	太陽
動物	ワシ
方角を司る主	インドラ
エレメント	エーテル／火
植物	バジル
感覚	該当なし
形	該当なし

＊「ガネーシャ・ヤントラ」（および対応するマントラ）は供物皿にのせてもよいし、別個に、あるいはアルターに活力を吹き込む儀式のときの副次的ヤントラとして使ってもかまいません。

勇気と信じる心の物語

　アミールと妻のマヤは、わたしたちがアートオブリビング財団で教えていた呼吸法と瞑想法を学びに来ていました。デリーに住むマヤの姉がインドではよく知られているそのことを知っており、2人の生活のストレスを軽くするために助けになるかもしれないと話したのです。その夫婦と会ったとき、糖尿病のためにアミールがどれほど苦しんでいるのか、わたしたちにはわかりませんでした。とても愛情豊かで優しい夫婦とは時間がたつうちに親しい友人同士となりましたが、知り合った最初の年にアミールの健康状態が悪化し始めたのです。彼は何度も糖尿病関連の手術を受けたことがあり、当時は透析治療中でした。手術した部分はたえず感染を受け、体力も次第に衰えつつあったため、彼は多くの時間を病院で高熱状態ですごしていました。

　そのような状態にも関わらずマヤいつも明るく振舞っており、わたしたちは2人のためにも手伝いを申し出ると、彼女はとても感謝して受け入れてくれました。

　〈健康のアルター〉は木製のアンティークテーブルにのせて、東の壁に配置し、愛と心遣いで構成された見た目にも最高傑作となったのです。アルターに活力を吹き込むために使ったかなめ石を胸のところで持ってもらいながら、自分が力強く、妥協する必要のない健康な生活をしていた若いころを思い描くようにしてもらいました。わたしたちを見つめる彼の目は、今まで抑えてきた感情の涙でいっぱいでした。

　アルターに活力を吹き込み終えると、かなめ石をアルターの供物皿にのせ、わたしたちは互いに抱き合い感謝の気持ちで満たされました。

　それからいくらもしないうちに、アミールは感染に悩まされることが徐々に少なくなり、入院期間も短くなっていきました。また、移植の可能性という新しい

健康を向上させるアルター

> 太陽は健康に影響をおよぼし、東の方角と結びついています。

希望がもたらされたことにより、生きる勇気と信じる心を取り戻すことができたのです。

〈健康のアルター〉用アイテムの例

新しい生命を宿す希望

　子供を望んでいるジェリーとジェンは2年間努力しましたが恵まれず、自分たちには生殖能力がないのかもしれないと疑いはじめていました。体外受精もうけてみましたがうまくいかず、子供をもうける希望を失いかけているとき、わたしたちの噂を友人から聞いたジェンのお姉さんが、わたしたちに連絡してみるようにジェンに強くすすめたそうです。

　私たちは〈健康のアルター〉を創ることについて話しをし、なかなか妊娠できなかった別の夫婦にも用い成功した、受胎の助けになる特別なヤントラのアドバイスをしました。

　アルターを創って3ヶ月もたたないうちに、ジェリーとジェンは幸運にも妊娠し、夏生まれのベビーを楽しみに待つことになりました。

ある男性の親友のためのアルター

　美しい黒のラブラドール・レトリーバー犬マックは肝臓病が悪化しつつあり、家族はとても心配していました。力なく床に横たわる彼を見るのは、つらいことでした。命の本質は病気に冒され、育ての親たちはマックを失いたくありませんでした。彼らはマックを生き延びさせるため、彼の健康を取り戻すために、できることは何でもしたいと望んでいました。

　彼らは一緒に〈健康と幸せな暮らしのアルター〉を創り、とてもかわいらしい犬の小像を〈自分だけのシンボル〉としてそえました。つぎに、「courage（勇気）」と印刷されたエンジェルカードと、新鮮な花を加えました。そのアルターのまえで、神の介入を願い、祈りを捧げて彼らは時間を過ごしました。数か月後、奇跡的にマックの健康が改善しました。それから何年もたちますが、マックは今も元気です。

無限に与えられる

アルターの創作は、人生を肯定する行いです。アルターを通じて、あなたを支えてくれる無限のパワーとつながるのです。あなたや、あなたの愛する人たちが健康に問題を抱えているのならば、この宇宙の知恵へのパイプを創るというシンプルな行為によって、癒しと安心感が与えられるでしょう。自分のオリジナルな方法で、アルターのアイテムを心をこめて選ぶのは、宇宙エネルギーと対話しているのと同じ意味があります。無限の宇宙エネルギーの中ではどんなことも可能なのです。

〈健康のアルター〉のアイテム

> 健康に目を向けなさい。
> 自分にそれが備わっていれば、
> 神をたたえ、それを良心のつぎに
> 価値あるものとして位置づけなさい。
> なぜなら、健康は死を免れない運命にある
> わたしたちが有することのできる、
> 2番目の恵みだからだ。
> それはお金では買えない恵みである。
> ——アイザック・ウォールトン

" これらのアルターは、人生に神のインスピレーションと恵みが生活に注がれ、夢の実現を助けてくれるよう願うことのできる、神聖な場所として生まれてきました。"

健康を向上させるアルター

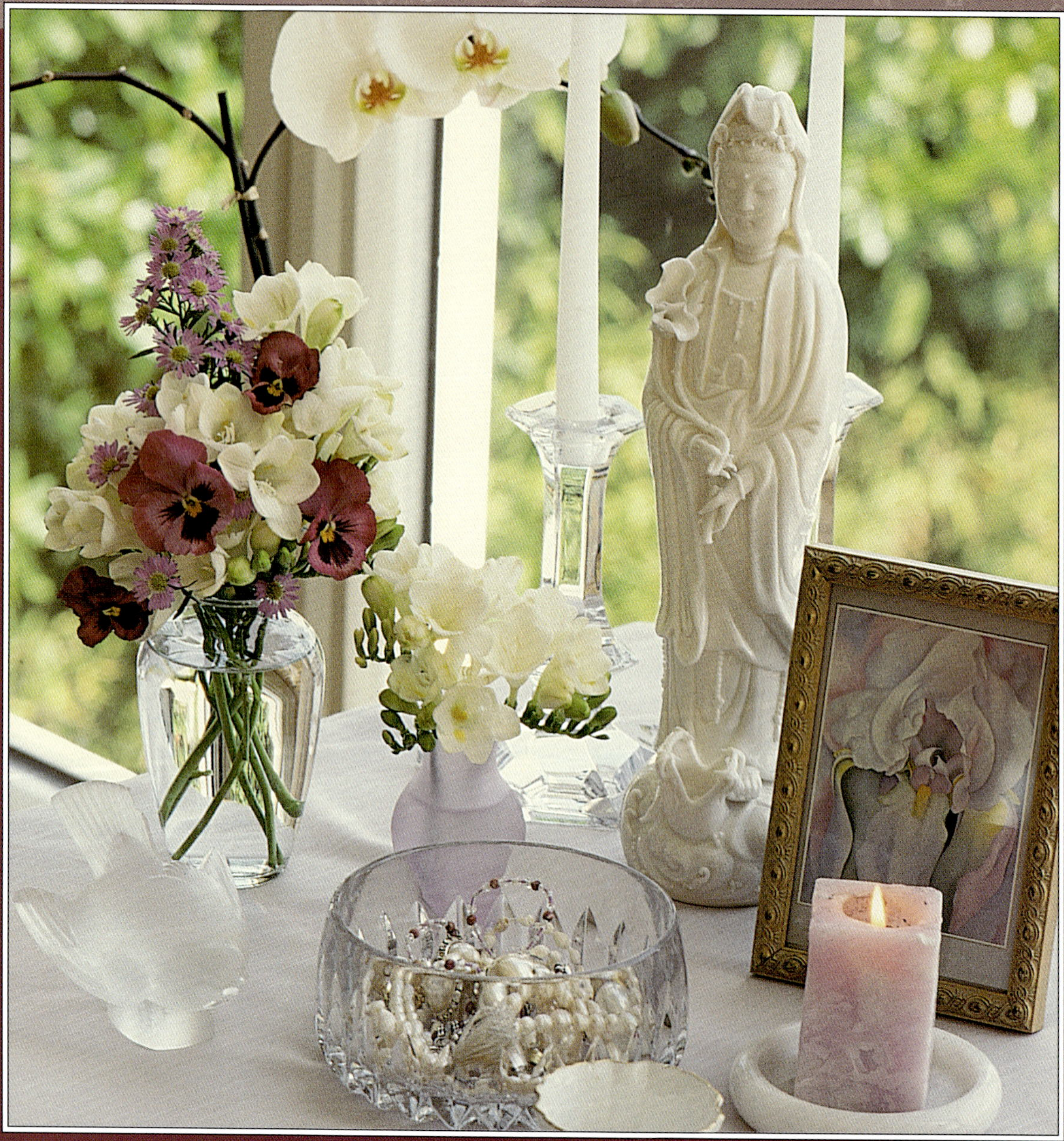

chapter 10
スピリチュアルな能力を高めるアルター

ここ数年、地球上の多くの人たちが、神と個人的にスピリチュアルな結びつきを築き始めています。この傾向は、宣伝広告から運動にいたるあらゆるものに見られます。20年まえ、ヨーガや瞑想などの実践は、一部の人たちがおこなう特別なものと考えられていました。今日、それはすっかり主流となり、健康クリニックや病院を含めた多くの場所で推奨されています。

　精神的な成長をうながすために、瞑想やヴェーダ呼吸、ヨーガなど数多くの実践方法があります。このような実践を通すことで、強い神経システムと冷静な心が生まれます。その結果、人生がもたらす変化の嵐のなかで避難できる、安全な港を自分の内につくり上げることができるのです。それと同じように、魂の成長のために創られたアルターは、スピリチュアリティに焦点を合わせたものとなり、あらゆる可能性の源との結びつきをおぎなうものの役割を果たすのです。
　体と理性と魂を毎日アルターのまえに持ってくることは、自分の内に宿るパワーと恵みを尊重し、スピリチュアルな能力を高める助けとなるでしょう。

スピリチュアリティとのつながり

　わたしは1970年代初め頃から、なんらかの形で瞑想してきましたが、精神と感情の成長に大きな変化が起きたのは、ヴェーダ呼吸と瞑想の実践をするようになってからです。毎日の簡単な実践を通して、わたしの人生は完全に変わり

ました。毎日わたしは時間をつくり、霊的作業のために特別にデザインしたアルターのまえに座って、サダーナ（精神的実践という意味のサンスクリット語）をおこないます。〈スピリチュアリティーのアルター〉を設計することで、宇宙と結びつくことのできる静かな場所をもうけました。瞑想によって得られる深い静けさから、不思議な力は生じるといわれます。わたしの人生は、奥深いところで変化し始めました。健康は向上し、周囲との関係は深まり、わたし自身、創造性や効率性をいっそう発揮できるようになりました。それまでほとんど実態のなかったわたしのライフワークは、形をつくり始めました。わたしは新しい可能性が満ちた川を泳いでいました。このスピリチュアルな実践の副産物として、ストレスが消え去り、リラックスすることを習得し、その川が自分をどこへ連れて行くのか、観察することを覚えました。

　そのアルターは美しい台座にのせて、わたしたちのヨーガルームにおきました。水のエレメントにはシンプルな花瓶をえらび、新鮮な純水を入れて美しい小さなランを挿しました。その手前には、水を入れた真鍮製の小さな器をおきました。空気のエレメントは真鍮の香炉にして、白檀のお香を加えました。白檀は願望を高める香りです。火のエレメントには白いろうそくを選んで銅の小皿にのせて、樟脳を入れた小さな足付きの器もそえました。樟脳は燃えるときに周囲を浄化する効果があります。土のエレメントとしては、スタンドの付いた金属製のOM（オーム）シンボルを加えました。OM（オーム）は、宇宙に存在する原初の響きだと考えられています。供物皿は丸い銅製のものです。空間が限られていたので、〈自分だけのシンボル〉──真鍮と銅でできた仏陀像を、その後方部分におきました。その皿には、周囲へ肯定的なエネルギーを放つ、クリスタル製シュリー・ヤントラと、わたしがデザインし、バランスをとる効果のあるネックレス〈ナインプラネット・ハーモナイザー〉も加えました。ネックレスは身につけていないときに、浄化し助ける影響力をおぎなうために、アルターにおきました。2、3個の真珠を、アルターを目立たせるため、および装飾のためにおきました。

> "OM（オーム）は、宇宙に存在する原初の響きだと考えられています。"

配置

空気：北西の場所には、白檀を入れた香炉。

水：北東には、水を入れてランを挿した透明な花瓶。

土：南西の場所には、真鍮製のOMシンボル。

火：南東の角に、銅製の皿にのせた白いろうそく。

自分だけのシンボル(図中p)：慈悲そのものの存在である仏陀像。

供物皿(図中o)：アルターの中央に、丸型の真鍮トレイにのせた記念の品々。

神：慈悲の神、仏陀。

追加アイテム：供物皿にクリスタル製のシュリー・ヤントラをのせて、そこにアルターウェアの〈ナインプラネット・ハーモナイザー〉をそえました。かなめ石を、アルターに活力を吹き込むために使用しました。

〈スピリチュアリティのアルター〉のレイアウト

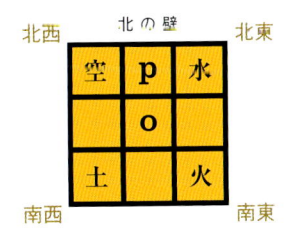

北西	北の壁	北東
空	p	水
	o	
土		火
南西		南東

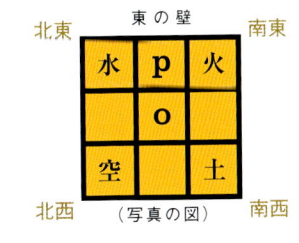

北東	東の壁	南東
水	p	火
	o	
空		土
北西	（写真の図）	南西

スピリチュアルな能力を高めるアルター

〈スピリチュアリティのアルター〉のアドバイス

- アルターの周辺はかならず清潔にし、北または東の壁や窓に背を向けて、あるいは家または職場の北東部分にアルターを設置します。

- 金色と白をアルター上のアイテムとして使用します。

- 北東の水のエレメントは、アルターに対応する色の生花でもよいでしょう。花瓶は透明、あるいは淡い色のものでもかまいません。

- 南東の火のエレメントには金色か白のろうそく、またはオイルランプをおきます。

- 南西の土のエレメントには金色か白の石またはクリスタルをつかいます。霊的な助力を得るために、シヴァあるいはクリシュナの像をおいてもよいでしょう。鉢植えの植物や、そのほか自然のものをもちいてもかまいません。

- 北西の空気のエレメントには、スタンド型の風鈴やお香、扇、羽などをつかいましょう。

- 望んでいる霊的な結びつきを自分の方へ向け続けさせるため、透明な、または金色の有鉛オーストリアクリスタルを23センチおきに赤い糸に通して、アルターの中央にぶらさげるのもよいでしょう。

- 供物皿として、小皿や小さな器をアルター中央におきます。金色か白のものをつかいましょう。

- あなたのスピリチュアリティを成長させ、知恵を受け取るため、供物皿にムルチュンジャヤ・ヤントラを加えます。

- 供物皿に入る大きさの無地の紙片に、経験したいと望む感情を呼び起こす言葉や成句を手書きします。別の象徴的なものをそえてもかまいません。

- アルターの中央、供物皿のうしろには〈自分だけのシンボル〉をおきます。像、写真、コラージュ、またはスピリチュアルな感覚を呼び起こす写真などにします。

活力を吹き込む儀式
木星のヤントラと
マントラをつかって
〈スピリチュアリティ〉と結びつく

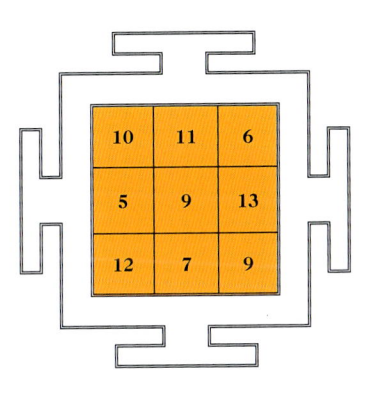

10	11	6
5	9	13
12	7	9

　各方角にはそれぞれ異なる影響力と、関連する星があります。木星は霊的な結びつきに影響を及ぼし、北東の方角と結びついています。好みに応じて、上の図に示した木星に対応する方角ヤントラをつかってもよいでしょう。ヤントラの自作バージョンを描いたり模写したりしてもかまいませんし、わたしたちのウェブサイトwww.vastucreations.com/freeyantrasから無料でダウンロードすることもできます。そのほかの活力を吹き込むプロセスについては第5章をごらんください。ここで示したのは〈霊性のアルター〉用の活力化プロセスであり、木星ヤントラとそれに対応するマントラをつかったものです。

スピリチュアルな能力を高めるアルター

活力を吹き込む儀式

✤ アルターのまえに立つ、あるいはひざまずきます。

✤ アルターの上にあるろうそく、またはお香に火をつけます。鈴や鐘がある場合は、それを鳴らして周りのエネルギーを浄化します。その響きが高位の繊細な振動と共鳴して、意識を今この瞬間に集中させます。

✤ 右手に木星のヤントラを持ち、ゆっくりと鼻で10〜12回深呼吸します。

✤ 望みのものを持った感情を想像します。具体的なことに意識を集中するのではなく、幸せや平和、充実感、愛などを、ただ感じてください。

✤ 供物皿にヤントラをおきます。

✤ 右手の小指と人差し指を伸ばし、そのあいだの2本の指をてのひらに押しつけるように折って、親指でその2本の指をおさえます。これをムドラーといい、特定のパターン通りにエネルギーを動かす手の位置を示すサンスクリット語です。

✤ 手でこのムドラーをつくり、アルターに向かって、その腕を前後に9回動かします。

✤ 腕をアルターのほうへ伸ばすたびに意識を集中して、熱意を込めて、つぎのマントラを唱えます。

マントラ：オム　ブリーハースポッテイ　ナーマハー

✤ 以上のプロセスを終えると、アルターには活力が吹き込まれています。

✤ 毎日かならず、少しでもアルターを意識する時間をつくってください。そうすればアルターの活力が刺激され、エネルギーを発しつづけます。

〈スピリチュアリティのアルター〉に対応するもの

メインカラー	金色
サブカラー	白
性質	成長
アロマ	白檀
宝石	イエローサファイア、あるいは金色の石
金属	銀色、金色
ヒンドゥー神	シヴァ、クリシュナ
ヤントラ	ムルチュンジャヤ・ヤントラ*
マントラ	これは複雑ですが、極めて強力なマントラです。発音を習得するにはホームページ www.vastucreations.com/freeyantras で聴くことができます。 その文句は： 　オム　トリヤンバーカム　ヤージャマヘー 　スーガンディム　プスティ　ヴァルダーナム 　ウルヴァルカミヴァー　バンダーナツ 　ムルチョルムクシヤ　マームルタツ
そのほかのスピリチュアル導師	ヴィシュヌー、大天使ウリエル、タラ、聖母マリア、イシス、観音、キリスト
個人にとっての神聖なアイテム	ロザリオ、数珠、神聖な宗教的シンボルや、神との親密さを感じさせるアイテム
特別な人物	神性の感じを呼び起こす人――司祭、ラビなど、霊的生活の典型をおくる知人
曜日	木曜日
太陽系	木星
動物	ウサギ
方角を司る主	イシュナヤ
エレメント	水
植物	バジル
感覚	味覚
形	円

*「ムルチュンジャヤ・ヤントラ」（および対応するマントラ）は供物皿にのせてもよいし、別個に、あるいはアルターに活力を吹き込む儀式のときの副次的ヤントラとして使ってもかまいません。

スピリチュアルな能力を高めるアルター

> それまでほとんど実態のなかったわたしのライフワークは、形をつくり始めました。わたしは新しい可能性が満ちた川を泳いでいました。このスピリチュアルな実践の副産物として、ストレスが消え去り、リラックスすることを習得し、その川が自分をどこへ連れて行くのか、観察することを覚えました。

感謝のしるし

〈スピリチュアリティのアルター〉のアイテム

　ミンの家族は何年もまえ、戦争に引き裂かれた東南アジアの祖国を追われました。一家は裕福な家庭でしたが、命からがら逃げたときにすべてを失い、両親や兄弟とも離れ離れになってしまったのです。一人になってしまったミンは、マレーシアの一時キャンプに行き着いたのですが、彼女と家族が再会するのには3年の歳月が必要だったのです。

　そんな不遇な状況で生きてきたのにも関わらず、働き者で勇敢なミンは人生を通じて自分を守り導いてくれた霊的な力との深いつながりを忘れたことはなく、つねに輝き、希望を持つ肯定的な精神のかたまりでした。

　何年間も仕事を一生懸命につづけた結果、自分の民族的ルーツであるアジアとフランス両方の影響を組み合わせた料理で優秀なシェフになりました。自分のレストランを開業して世界的な成功をおさめ、ユニークな貢献をしたことで、広く知られるようになっていましたが、彼女はいつも謙虚な気持ちを忘れることはありませんでした。何度も孤独になったり、見知らぬ土地で道に迷う人のように感じることがありましたが、そんなときはいつも、慈悲と情けの女神、観音様に愛と勇気となぐさめを求めていたと、彼女はわたしに教えてくれました。

　彼女は仕事を通して、スピリチュアリティを成長させてきたのです。何をするときも、周りの全ての人たちには愛情のこもった親切と感謝の気持ちで行動してきました。そこで、感謝の気持ちを形に表すために、仕事場に〈スピリチュアリティのアルター〉を創り、観音を〈自分だけのシンボル〉としてもちい、心が豊かになれる美しいアルターをデザインしました。彼女のアルターは大変優雅で愛情に満ちあふれるものとなり、観音様は今も彼女を静かに見守っていることでしょう。

スピリチュアリティへの道

　大きな犠牲や酷くつらい出来事を通して、マーラが学ぶ道は開かれたのでした。彼女はそれまで営んでいた生活、家、子供をすべて失い、プライド以外にはほとんど何も残っていない状態になってしまったのです。しかし、その状況に負けることなく彼女は自分自身を立て直す覚悟ができていました。

〈スピリチュアリティのアルター〉用のアイテム

　マーラは毎日祈りと瞑想をおこなうための神聖な場所を創る方法を学ぶため、アルターのワークショップに参加したのです。全てを奪い去った夫や状況を責めたり、非難したり、あるいは自分を犠牲者だと感じたりすることを彼女は一切受け入れず、自分の内なる力と、インスピレーションを信頼している美しさがありました。

　ワークショップのあと、マーラは家に戻りすぐにアルターを創り、癒しをもとめて毎日祈りました。離婚に終止符を打って自分の生きる道を見つけ、ふたたび子どもたちと一緒にいたいと願っていたのです。

　何年かたったいま、彼女の生活は大きく変わりました。子どもたちの養育権をふたたび手にすることはできませんでしたが、彼らとは奇跡的にすばらしい関係を維持できるようになっていました。彼女の教えや気遣い、愛情は子どもたちの成長過程での大きな役割を果たしています。今では、辛い時期もまた自分を成長させるための大きなチャンスであったと受け取り、感謝の気持ちで毎日をすごしています。

マイケルのアルター

　わが夫マイケルは、アルターを設けることと毎日のスピリチュアルな生活がどういうものでありうるのかを示す証です。17歳のときから、彼は躊躇することなく瞑想に親しみ、神聖な結びつきを尊びはじめました。マイケルは仕事のためにアルターをもうけ、プージャー（周りの環境を浄化し、ときに人びとに瞑想の手ほど

きをするための儀式）を長い間おこなってきた経験から、この本で紹介しているアルターのレイアウト図は、宇宙エネルギーを引き寄せて、夢や希望を叶えるのに適していると感じています。

　毎朝、マイケルは夜明けとともに自分の瞑想室でシルクのショールで覆った〈スピリチュアリティのアルター〉の前に座り、日課の瞑想を行います。彼にとって、内なる世界の豊かさと日常生活とは切り離せないものであり、あるがままの自分自身でいることの実践を通して、多くの人たちの光となっているのです。

望めばすぐそこに

　神、女神、あるいはそのほかのどんな名で呼ぼうと、その存在はけっして遠くにあるものではありません。それは静かなとき、あなたの耳に話しかける囁きであり、奇跡であり、必要なときに黙って感謝を捧げる対象なのです。あなたが受け取るのは癒しであり、その癒しに刺激されることで人生における神聖さをもとめ続けることができるのです。静けさのなかに、宇宙の平和を与えてくれるパワーが宿っています。その平和のなかに、あなたが長いあいだ望んでいたインスピレーションとガイダンスがあるのです。そこには心の望むものをもたらしてくれる、内なる宇宙エネルギーが存在しているのです。

> 毎朝、
> マイケルは夜明けとともに自分の瞑想部屋で、シルクのショールで覆った〈スピリチュアリティのアルター〉のまえに座り、朝の瞑想を行います。

「過去にあるものも未来にあるものも、
わたしたちの内にあるものと比べれば
小さな問題にすぎない」

――オリヴァー・ウェンデル・ホームズ

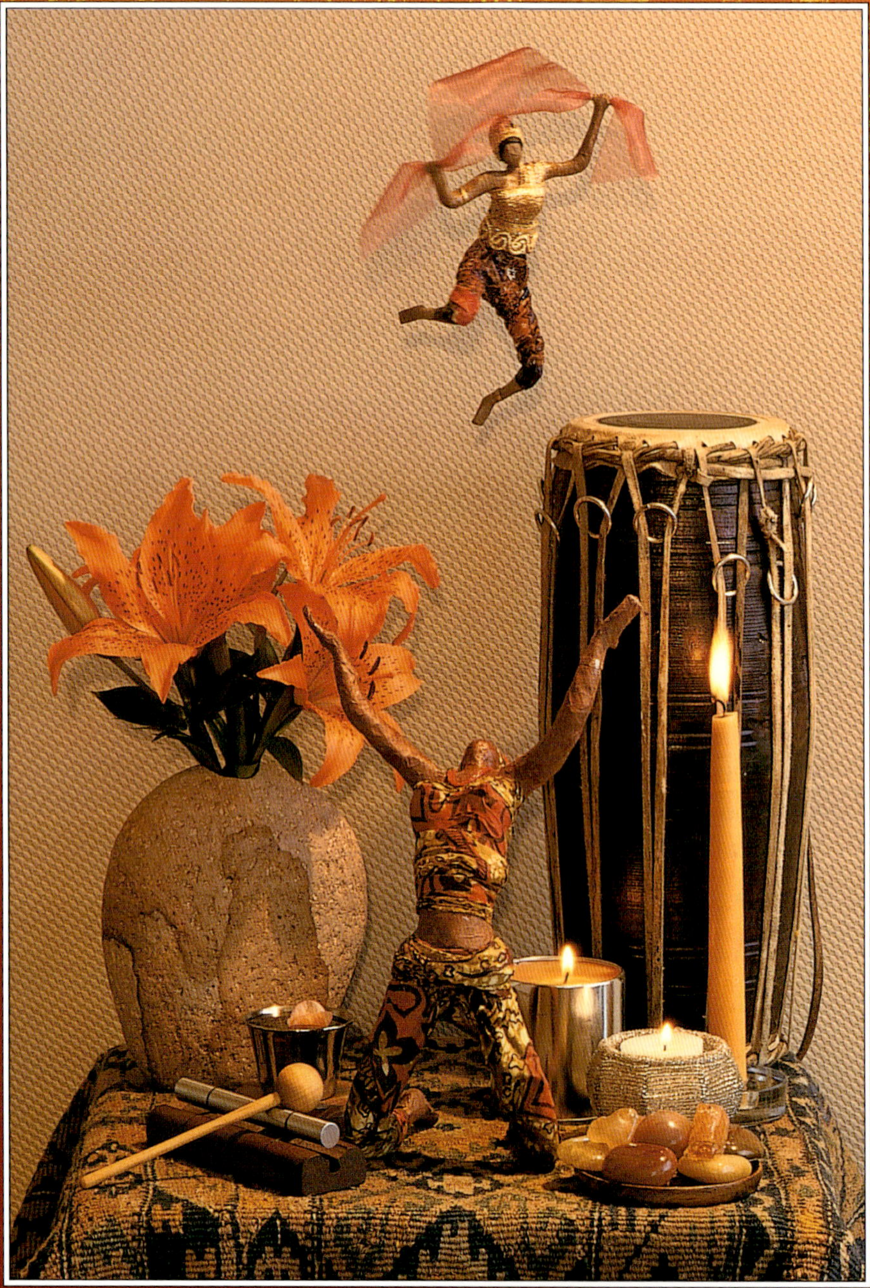

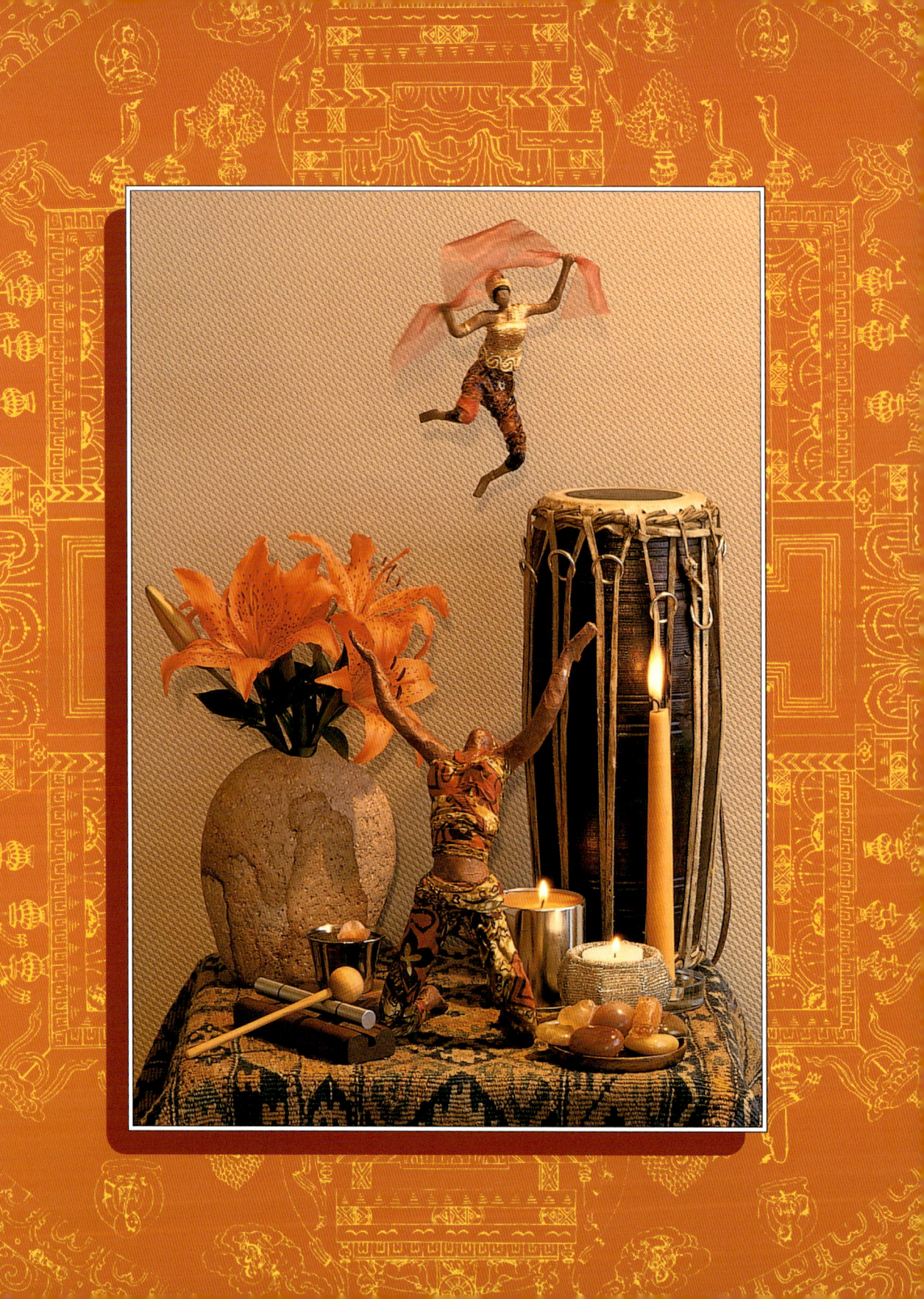

chapter 11
人生の転機を乗り越えるための好転のアルター

自分でコントロールできないような急激な変化に圧倒され、立っていられなくなりそうなときがあるかもしれません。そんな時は、アルターがオアシスであり、なぐさめと避難の場所です。そこでは重荷をおろすことができ、自分に必要な安らぎと支えをもとめることができるのです。

なんら問題なく過ごしている日常生活は、ある日とつぜん何かが起きて、その生活が永遠に変わってしまう可能性を含んでいます。その変化は、あなたにとって試練のようなものになるかもしれません。実際強いスピリチュアリティを持つリーダー的な存在の人であっても、バランスをとりながら強さを維持することは、ひとつの試練なのです。

忍耐力を必要とされたり、または人に助けを求めることになったとき、あなたは傷つき悲嘆にくれ、強い孤独感を感じるかもしれませんが、あなたは決して独りぼっちではありません。

「助けをもとめて、手をのばすこと」

これが癒しを与え、人生を好転するための答えなのです。

乗り越えられそうにない問題とともに取り残されたとき、〈好転のアルター〉が万物の源となっている宇宙のエネルギーを寄せ、あなたを支え必要な力を与えるでしょう。

魂の人生レッスン

カーリーは、自分に病気の可能性があることに気がつきませんでした。毎年受ける定期健診に行った日ももちろん、何の症状も自覚していませんでした。検

> もはや人生が
> 意味を見出すまで
> 待ちたいとは望まず、
> 自分に魂の成長と
> 感情の褒美をもたらす、
> 積極的な決定を
> していました。

査を受けた日、主治医は声や目に含まれる懸念を隠すことができず、検査結果は医師を心配させるようなもののようであることが伝わってきました。不安な気持ちのまま、彼女は何日間かを泣いてすごしながら、精密検査の結果を待つしかありませんでした。

彼女の思考は暗闇のなかをさまよい、輪廻転生の概念を信じ、こう思い始めました。「わたしがもうすぐ死ぬとしたら、ここにいる目的はもう果たしたのだろうか」病気や死、そして将来について怖れを抱いているときの数日間というのは、とても長い時間に感じられます。

そんなふうに待っていた3日目に、わたしは彼女から電話を受けました。カーリーは狼狽しながらも、精神的苦痛と不安があるなかで、平穏を見出す方法を知りたがっていました。彼女は別の州に住んでいたので、その困難な状況にある彼女を助けるように設計された〈好転のアルター〉を創る方法を、Eメールで指示しました。

そのEメールを受け取ってすぐ、彼女はアルターを創り、1日の大部分の時間をそのまえに座って祈り、心の整理をしてすごしました。次の日、彼女から電話がきて、そのアルターを創るプロセスから、まったく非日常的な穏やかな効果を得られ、今ではずいぶん楽な気持ちだ、と話してくれました。

彼女は家中を探しまわって、アルターにもちいるアイテムを見つけました。アルターは家の南東部分の、東の壁にかけたアンティークのタペストリーのまえにおきました。上に大きな銀のトレイをおいたローテーブルを利用して、このとても大事なアルターのための品々を、慎重にえらびました。南西の土のエレメントには、

銀で装飾された巻貝をつかいました。ヴェーダの伝統では、巻貝は環境を清めて変容させるといわれています。またラクシュミーの象徴でもあり、幸運をもたらすとされています。北西の空気のエレメントをあらわすものとして、彼女はヨーガの先生から贈られた銀製のシンバルをもちいました。理由は、その音を聞くと彼女の心が透明になるというものでした。北東の水のエレメントとしては、純水を入れた一輪挿し用の花瓶をつかい、そこに桜の枝を挿しました。南東の火のエレメントは、ガラスの器にのせた、花模様のついた赤いキャンドルです。〈自分だけのシンボル〉に、彼女は座ったガネーシャ――障害物を取りのぞく者であり、知恵をもたらす神――の美しい絵をえらびました。供物皿には優雅な銀色の小皿をもちい、赤いガラス玉と白檀でつくられたマラ、ムーンストーンのネックレス、そしてスーフィズムの伝統的な象徴である心臓と羽の形をした飾りピン＊をおきました。また、そこに「ゆだねる」と印刷されたエンジェルカードもそえました。真珠玉と小さなクリスタル玉がトレイを装飾するのにつかわれました。アルターを祈りで活性化させ、力と支えが与えられるように、神なる存在に願い続けました。必要な助けを受けとるために、心を開き続け、プロセスを信頼することが大切であることを、彼女は知っていたのです。5日目を迎えるころには、主治医と話して、精密検査の結果を聞く覚悟ができていました。実は、検査結果は陰性で、誤報だったことが明らかになり、カーリーは怖れていたことから開放されました。

　彼女を翻弄させたこの数日間は辛い試練のようでしたが、彼女はすで別人となって生まれ変わっていたのです。それは窮地をチャンスに変えたものでした。彼女は今までのように、人生が意味を見出すまで待とうとするのではなく、自分の魂の成長を自ら進んで行っていくことを、心に決めたのです。

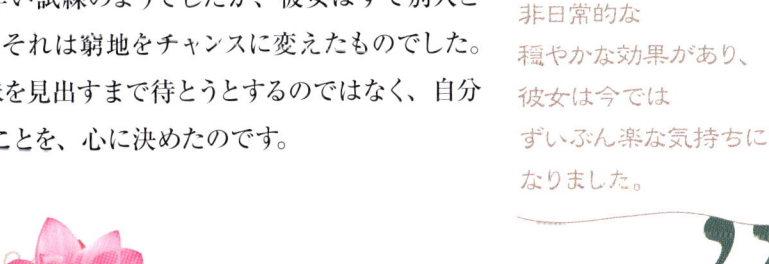

人生の転機を乗り越えるための好転のアルター

> アルターにはまったく非日常的な穏やかな効果があり、彼女は今ではずいぶん楽な気持ちになりました。

配置

空気：北西の場所には、気持ちを透明にし、環境を清める、美しい銀製のシンバル。

水：北東には、純水を入れて桜の花枝を挿した、小さな一輪挿し。

土：南西の場所には、銀で装飾された巻貝。

火：南東の角に、ガラスの器にのせた、花模様の赤いキャンドル。

自分だけのシンボル(図中p)：あらゆる障害を取りのぞき、知恵をもたらすヒンドゥー神ガネーシャの絵を美しい銀の額に入れたもの。

供物皿(図中o)：ガラス玉を入れて、白檀の数珠とムーンストーンのネックレスをのせました。ムーンストーンを女性が身につけると、心と感情が落ち着かせる効果があります。また、羽のついたハート型の飾りピンと、「ゆだねる」と印刷されたエンジェルカードもそえています。

神：障害を取りのぞく神ガネーシャ。

追加アイテム：サンゴと赤いクリスタル玉を飾りとして銀のトレイに散らしました。

〈転換のアルター〉のレイアウト

北東	東の壁	南東		南東	南の壁	南西
水	p	火		火	p	土
	o				o	
空		土		水		空
北西	(写真の図)	南西		北東		北西

〈好転のアルター〉のアドバイス

- アルターの周辺はかならず清潔にし、東または南の壁や窓に背を向けて、あるいは家または職場の南東部分にアルターを設置します。

- 銀色と赤が、アルター上のアイテムのどこかにあらわれるようにします。

- 北東の水のエレメントは、アルターに対応する色の生花でもよいでしょう。花瓶は透明、あるいは淡い色のものでもかまいません。

- 南東には銀色か赤のろうそく、またはオイルランプをおきます。

- 南西には銀色か赤の石またはクリスタルをつかいます。人生の転換における助力を得るために、パヴァティーの像、あるいはあらゆる障害を取りのぞくためのガネーシャの像や鉢植えの植物、そのほか自然のものをおいてもよいでしょう。

- 北西の空気のエレメントには、スタンド型の風鈴やお香、扇、羽などをつかいましょう。

- 人生の転換期を無事に乗りこえる力を増強するため、赤、または透明な有鉛オーストリアクリスタル*を23センチおき*に赤い糸に通して、アルターの中央にぶらさげてもよいでしょう。

- 供物皿として、小皿や小さな器をアルター中央におきます。銀色か赤のものをつかいましょう。

- あなたの望む転換に対する障害をすべて取りのぞくため、供物皿にガネーシャ・ヤントラを加えます。

- 供物皿に入る大きさの無地の紙片に手書きの言葉を書いたもの、アルターカード、あるいは神から授けてもらいたい感情の象徴をあらわすものをそえてもかまいません。

- アルターの中央、供物皿のうしろには〈自分だけのシンボル〉をおきます。像、写真、コラージュ、または転換において助力を得ている安心感を呼び起こす写真などにしましょう。

活力を吹き込む儀式
金星のヤントラとマントラをつかって 〈人生の転機を乗り越える力〉 を得る

11	12	7
6	10	4
13	8	9

　各方角にはそれぞれ異なる影響力と、関連する星があります。金星は、人生の変化と転換に必要な助力に影響を及ぼし、南東の方角と結びついています。好みに応じて、上の図に示した金星に対応する方角ヤントラをつかってもよいでしょう。ヤントラを自作して描いたり模写したりしてもかまいませんし、わたしたちのウェブサイトwww.vastucreations.com/freeyantrasから無料でダウンロードすることもできます。そのほかの活力を吹き込むプロセスについては第5章をご覧ください。ここで示したのは〈人生の転機を乗り越える〉あなたに力を与えるアルター用の活力化プロセスであり、金星ヤントラとそれに対応するマントラをつかったものです。

活力を吹き込む儀式

- アルターのまえに立つ、あるいはひざまずきます。

- アルターの上にあるろうそく、またはお香に火をつけます。鈴や鐘がある場合は、それを鳴らして周りのエネルギーを浄化します。その響きが高位の繊細な振動と共鳴して、意識を今この瞬間に集中させます。

- 右手に金星のヤントラを持ち、ゆっくりと鼻で10〜12回深呼吸します。

- 望みのものを持っている感情を想像します。具体的なことに意識を集中するのではなく、幸せや平和、充実感、愛などを、ただ感じてください。

- 供物皿にヤントラをおきます。

- 右手の小指と人差し指を伸ばし、そのあいだの2本の指をてのひらに押しつけるように折って、親指でその2本の指をおさえます。これをムドラーといい、特定のパターン通りにエネルギーを動かす手の位置を示すサンスクリット語です。

- 手でこのムドラーをつくり、アルターに向かって、その腕を前後に9回動かします。

- 腕をアルターのほうへ伸ばすたびに精神を集中して、熱意を込めてつぎのマントラを唱えます。

  マントラ：オム　ブリーハースポッテイ　ナーマハー

- 以上のプロセスを終えると、アルターには活力が吹き込まれています。

- 毎日かならず、少しでもアルターを意識する時間をつくってください。そうすればアルターの活力が刺激され、エネルギーを発しつづけます。

人生の転機を乗り越えるための好転のアルター

〈人生の転機を乗り越えるための好転のアルター〉に対応するもの

メインカラー	銀色
サブカラー	赤
性質	変化
アロマ	マートル
宝石	ダイアモンド、無色サファイア、ジルコン、透明水晶、シロサンゴ
金属	銀色
ヒンドゥー神	神々の母パーヴァルティ、障害物を取りのぞく神ガネーシャ
ヤントラ	ガネーシャ・ヤントラ*
マントラ	オム　グン　ガナーパタイェー
そのほかのスピリチュアル導師	カーリー、大天使ナサニエル、リビティナ、リンダ、聖母マリア、キリスト
個人にとっての神聖なアイテム	神のなぐさめや助力を欲する願いをあらわすアイテム
特別な人物	必要なこの時期にインスピレーションを与えてくれる人
曜日	金曜日
太陽系	金星
動物	ハト
方角を司る主	アグニ
エレメント	火
植物	マンゴー
感覚	視覚
形	三角形

*「ガネーシャ・ヤントラ」（および対応するマントラ）は供物皿にのせてもよいし、別個に、あるいはアルターに活力を吹き込む儀式のときの副次的ヤントラとして使ってもかまいません。

変化を受け入れる

　ジュリエットとマークは、素敵な生活スタイルを送っている理想的な夫婦で、自分の家族のみならず親戚を含めて愛と尊敬と思いやりで満たす温かい存在でした。2人は控えめに言ってもカリスマ的な夫婦であり、親戚一同の力であり、柱でもありました。しかし、夫マークの失業によって、夫婦にとって暗闇の時期が到来したのです。

　援助を求める必要がある立場になるということは、ジュリエットとマークにとって初めての役割でした。そのような不確かな生活を送ることは、屈辱的な経験でしたが、ジュリエットが自分自身が成長するためのチャンスと受け取り、すべての状況はさらに良い方向へ進むための入り口として積極的に考えたことで、2人の生活は後に救われることになったのです。

　ジュリエットはどうしたらいいのかとアドバイスをもとめて、わたしに電話をかけてきました。次の週に彼らの住む町を訪れる予定だったので、彼らの生活に起きている変化に焦点を当て、家族のための〈人生の転機を乗りこえるための好転のアルター〉を一緒につくることを提案しました。

　わたしが到着したとき、アルターの活性化プロセスに参加しようと、家族全員そろっていました。そして家族一人ひとりが互いへの愛を象徴する品々を捧げたのです。それは感動的で力強い愛の奇跡をあらわしているようでした。

　大きな難関に何度かぶつかり、状況はすぐには良くなりませんでした。マークがやりがいのある仕事を見つけるのに何ヶ月もかかり、そのあいだには多くの学びがありましたが、彼らは変化が起きるまでの期間を尊重し、アルターのまえで瞑想したり祈ったりしてすごしたのです。

　そしてついに、ものごとが順調に流れ出したとき、彼らの絆はよりいっそう強く結ばれており、より良い人生を受け入れる準備がすっかり整っていました。

人生の転機を乗り越えるための好転のアルター

時間の変化、役割の変化

ステラは富と力に恵まれた家族と東海岸に住んでいましたが、親族のだれよりも自由を求めて新しい生活選びました。カレッジを卒業してすぐに遠くへ引っ越しした彼女は、何年も経った今、多くの不愉快な思い出や、終わっていない課題を思い起こす故郷へと帰らなければなりませんでした。両親が年をとって体が弱くなったために、介護者としての新しい役割が出てきたのです。

彼女が家を出たとき、両親は力強くて、体も丈夫でした。しかし時は過ぎ、かつてあれほど有能で優れていた人たちが、今のような状態にあるのを見てショックを受け、彼女は戸惑っていました。ステラは、自分が本当に介護できるのかどうか、自信がまったくなかったのです。

> 帰郷にあたってのそのプロセスで、彼女は自分を遠くへ追いやる原因であり、ふたたび呼び戻される原因ともなった恐怖を克服していました。

〈転換のアルター〉用アイテムの例

彼女は東海岸に引っ越すまえに、わたしたちのアルターワークショップに参加しました。アルターを創ることが、そのとき調整と変化を経験しようとしていた自分に力を貸してくれることを見越していたのです。いちど設置して活性化されると、そのアルターは彼女になぐさめをもたらし、深く考える時間と心をやすめる時間を与えてくれました。彼女は家庭の問題と両親の面倒をなんとかできる能力以上のものを身につけていました。帰郷にあたってのそのプロセスで、彼女は自分を遠くへ追いやる原因であり、ふたたび呼び戻される原因ともなった恐怖を克服していたのです。

嵐のなかの静けさとなる

　人生には不確かさが満ちています。ときには、自分の世界をコントロールしようと頑張れば頑張るほど、平穏と解決方法が見つかりにくくなることがあります。圧倒的な重荷に直面したり、怖れを抱いたり、避けようとするときには、思い出すべきです。どんなときでも心を解放して、充分に専心していれば、人生の奇跡は起きるのだということを。変化は、人生における確実なものです。それとどう取り組むかは、もっとも大きな挑戦であると同時にもっともすばらしいプレゼントでもあるのです。勇気をもって生きることで、あなたの人生は変化して、恵みは容易にあなたへと流れてきます。

「感情なくしては闇から光へ、
無感動から感動への変化は
あり得ない」

　　　　　　　　　　　——カール・ユング

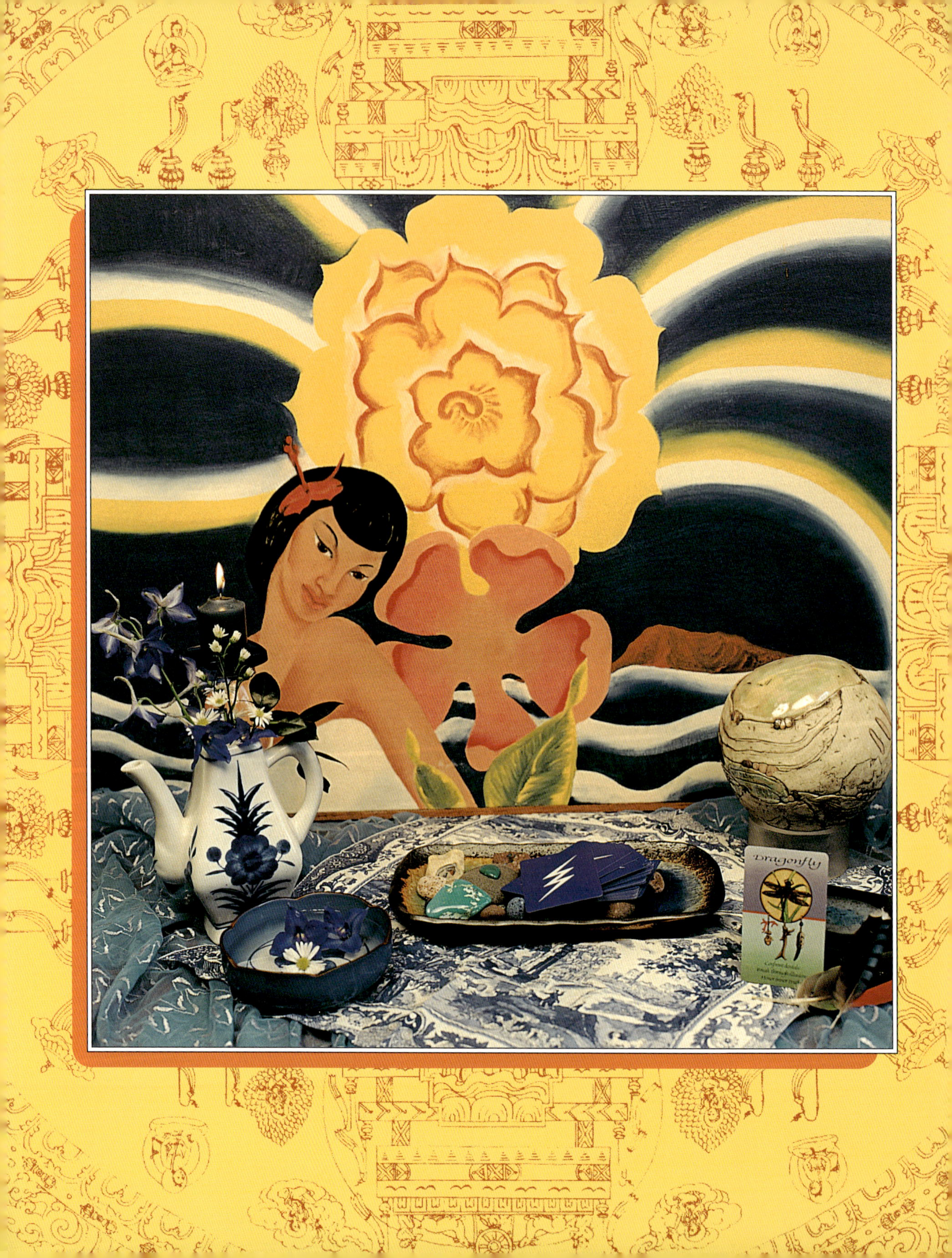
Dragonfly

chapter 12
創造性と知識を高めるアルター

私たちの内側は深遠な宇宙と結びついています。そのつながりは、その人の成長と創造のために与えられたギフトであり、また、他者を導くための使命を示している場合もあります。宇宙と自分の間のつながりに心を開くことは、あなたの中に眠っている個性や才能を呼び起こし、知識の吸収をスムーズにし、独自の創造性を表現することの手助けとなるでしょう。私たちは創造性と知識の無限の源を得ることができるのです。

　この知識と創造性の流れは、だれでも利用することができます。瞑想やヨーガ、呼吸や祈りなどを通して規則的に精神を統一した状態は、深いレベルで創造性の源に近づいている状態といえます。そのレベルは真の知識と深い個性の輝きが存在する場所でもあるのです。
　あなたがチャンスをつかむために何かを創造したいとき、知識をより多く吸収したいとき、精神を統一して宇宙が持つ無限のエネルギーとの一体感を感じてください。沸き立つインスピレーションの波に乗って新しい世界への旅に出る頃には、あなたは奇跡で満たされることになるでしょう。

溢れだす情熱

　パシフィックコースト・ハイウェイから外れた、マリブに近い峡谷地域の夜は、かなり冷え込むことがあり、その1月の夜も例外ではありませんでした。ゾーイはコートの襟足を上げて、その週に届ける約束をした仕事を完成させるため、職

場に向かっていました。最近展示された作品は評判が良く、彼女は地元のアートコミュニティで有名になりつつあり、もう少しで大きな名声を得るところまで来たことを考えると、彼女の人生は万事順調に進んでいるように見えました。しかし、彼女は自分独自の色を見つけようとする奮闘のせいで、夜もなかなか眠れず、どの絵を描いていても自分の能力に対する疑いでいっぱいの状態になっていました。学校で良い成績を取ろうと努力したり、ほかの人に受け入れられるような仕事をする働く芸術家になる過程で、若い頃に感じていた沸き立つ興奮と喜びを失っていたのです。彼女に必要なのは、個性的な表現をキャンバスに溢れださせることのできる自信と喜び、限りない創造的なエネルギーにつながるパイプでした。とりわけ、彼女は自分の魂の奥深くに、自分の芸術を天才の域にまで転換する場所を求めていたのです。

　わたしがゾーイと会ったのは、ロサンゼルス地域でおこなっていたアルター・ワークショップのひとつでした。休憩のとき彼女がわたしに、自分の仕事場に来て〈創造性と知識のアルター〉の創作を手伝ってもらうことは可能だろうかと訊ねてきたので、わたしたちは次の日の午後に会うことで同意しました。

　眺めの良いパシフィックコースト・ハイウェイを南下し、主要道路から外れて峡谷を深く進むカーブ続きの道を走ったところにある彼女の小さなコテッジに着くと、案内されたのはスタジオとして改装したガレージでした。彼女は自分の仕事について説明しながら、表現したいインスピレーションと喜びの泉を見つけようとしている自分のストレスについて語りました。ワークショップでは、精神を統一することが宇宙の無限のエネルギーとのつながりを強め、アルターの成功を後押しし、個人の成長をも助けることを話していたので、まずは、一緒に数分間、口を閉ざして座ろうと提案しました。ゾーイには芸術を通す以外に、精神を統一する機会が一切なかったので、自分の心を静かにする試みは興奮すると同時に、難しくもありました。訓練されていない精神では、無理に創造性や目的、人生そのものをコントロールしようとすると壊れてしまう可能性があります。アルターのパワーを引き出す方法のひとつとして、毎日時間をつくってアルターのまえに座り、瞑想や祈りや呼吸法などを行うように助言しました。それによって、彼女が内なる源との結びつきを強めることができるとも説明しました。

　その日の寒い午後、ゾーイとわたしは美しいアルターを創りました。彼女はア

> 彼女のなかに、外に出そうともがいているものがありました。それは、彼女が自分にはないと感じている、情熱と個性でした。

ルターを置く場所として、母親のものだった魅力的なアンティークテーブルをえらびました。北東の水のエレメントには小さな黄色いランと繊細なシダを挿したブルークリスタルの花瓶を置き、北西の空気のエレメントには青い「空飛ぶ貴婦人」をぶらさげました。彼女にとって自分の創造性の中に自由を見つけることが望みでしたし、その婦人像に与えられる広がるような感じが大好きだったのです。南東の火のエレメントには小さな陶磁器にのせた青いろうそくを、南西の土のエレメントには楽しい創造性を表現するクリシュナ像をえらびました。青いガラスの供物皿には、姪が学校で作った小さなコラージュと、青い石のネックレス、数個の真珠といった、芸術への愛情と直感を象徴する品々を入れました。そこには、「創造性」と印刷されたエンジェルカードと、彼女の願いのエネルギーを後押しするのを助ける透明なクリスタルボールもそえました。〈自分だけのシンボル〉には、ゾーイにとって豊富な新しいアイデアと、インスピレーションの流れに早く乗る幸運を示す、魚の群れの描かれた大きな青い陶器皿をもちいました。装飾として、尊敬するすばらしい女性たちの言葉の載っている小さな本もおきました。またシルクのラッパスイセンも1つ加えました。彼女は自分の内に、春先のスイセンのように情熱的に花開く創造性をもとめていたのです。最後に、彼女がわたしたちのアルター・ワークショップで購入したサラスワティー・ヤントラをもちいて、アルターを活性化させました。

　彼女から翌月おくられてきたEメールには、呼吸法のコースを受講し、マントラに基づいた瞑想の方

法を学んだとありました。彼女は、アルターのまえに毎朝すわる時間を取り、瞑想し、呼吸することで精神を統一させ、才能のきらめきを得る誓いをたてていました。この自分への誓いによって、自分を疑う気持ちに捕らわれなくなり、創作に費やすエネルギーがずっと多くなったと気づきました。いつしか彼女の作品は徐々に新しい性質を帯びはじめ、ユニークで驚くほどのものになっていたのです。湧き出るインスピレーションと喜びに包まれる経験は、人生そのものが新しい側面を帯びはじめたかのようでした。彼女は描くことを通じて、溢れる情熱に勇気づけられ、自信を取り戻していたのです。

配置

空気：北西の場所には、創造的な自由をあらわす、青い「空飛ぶ貴婦人」のモビール。

水：北東には、水を入れて小さな黄色いランを挿した、青い花瓶。

土：南西の場所には、彼女の望む楽しい創造性を象徴するクリシュナ像をおきました。

火：南東の角に、食料雑貨店で見つけた小さな陶器皿にのせた、青いろうそく。

自分だけのシンボル（図中 p）：供物皿のうしろに、流れで泳ぐ魚の群れを描いた青い大皿。ゾーイの望んでいる創造的な流れを象徴しています。

供物皿（図中 o）：祭壇の中央には、青いガラス皿に入れた思い出の品。

神：喜びと幸せの神クリシュナ。

追加アイテム：「Goddess Within（内なる女神）」というタイトルの小さな本、銅製のサラスワティー・ヤントラ、そして個人的に大切な作品。

〈創造性と知識のアルター〉のレイアウト

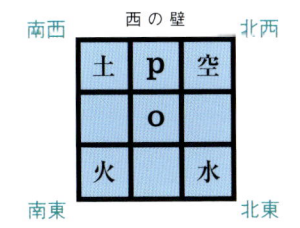

	西の壁	
土	p	空
	o	
火		水

南西　北西
南東　北東

〈創造性と知識のアルター〉のアドバイス

- アルターの周辺はかならず清潔にし、正面を西の壁や窓を背にして、あるいは家または職場の西の部分にアルターを設置します。

- 青と黄色が、祭壇上のアイテムのどこかにあらわれるようにします。

- 北東の水のエレメントは、祭壇に対応する色の生花でもよいでしょう。花瓶は透明、あるいは淡い色のものでもかまいません。

- 南東の火のエレメントには青か黄色のろうそく、またはオイルランプをおきます。

- 南西の土のエレメントとして、南西には青か黄色の石またはクリスタルをつかいます。創造的で教育的な探求への助力を得るために、創造性と知識のヒンドゥー女神サラスワティーの像、あるいは知恵の神ガネーシャの像をもちいてもよいでしょう。また鉢植えの植物、そのほか自然のものをおいてもかまいません。

- 北西の空気のエレメントには、スタンド型の風鈴やお香、扇、羽などをつかいます。

- 望んでいる知識や創造性を自分の方へ向かい続けさせるため、青い有鉛オーストリアクリスタルを23センチおきに赤い糸に通して、アルターの中央にぶらさげるのもよいでしょう。

- 供物皿として、小皿や小さな器を祭壇中央におきます。青か黄色のものをつかいましょう。

- 創造性や知識を高めるため、供物皿にサラスワティー・ヤントラを加えます。

- 供物皿に入る大きさの無地の紙片に、経験したい感情を思い起こさせる手書きの言葉や成句を書きます。天使や知恵、あるいはタロットカードのような象徴をあらわすものをそえてもかまいません。

- アルターの中央後部には〈自分だけのシンボル〉をおきます。像、写真、コラージュ、または創造性や知識をうながす写真などにしましょう。

活力を吹き込む儀式
土星のヤントラと マントラをつかって 〈創造性と知識〉を高める

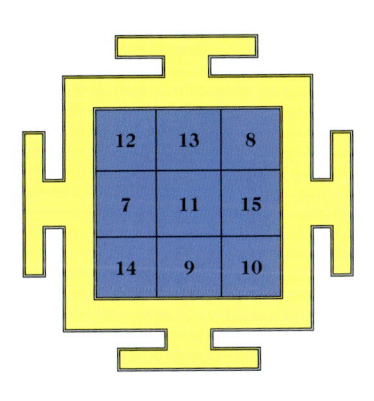

12	13	8
7	11	15
14	9	10

　各方角にはそれぞれ異なる影響力と、関連する星があります。土星は、霊的な関係に影響を及ぼし、西の方角と結びついています。好みに応じて、上の図に示した土星に対応する方角ヤントラをつかってもよいでしょう。ヤントラを自作して描いたり模写したりしてもかまいませんし、わたしたちのウェブサイトwww.vastucreations.com/freeyantrasから無料でダウンロードすることもできます。そのほかの活力を吹き込むプロセスについては第5章をご覧ください。ここで示したのは〈創造性と知識のアルター〉用の活力化プロセスであり、土星ヤントラとそれに対応するマントラをつかったものです。

活力を吹き込む儀式

❇ アルターのまえに立つ、あるいはひざまずきます。

❇ アルターの上にあるろうそく、またはお香に火をつけます。鈴や鐘がある場合は、それを鳴らして周りのエネルギーを浄化します。その響きが高位の繊細な振動と共鳴して、意識を今この瞬間に集中させます。

❇ 右手に土星のヤントラを持ち、ゆっくりと鼻で10〜12回深呼吸します。

❇ 望みのものを持った感情を想像します。具体的なことに意識を集中するのではなく、幸せや平和、充実感、愛などを、ただ感じてください。

❇ 供物皿にヤントラをおきます。

❇ 右手の小指と人差し指を伸ばし、そのあいだの2本の指をてのひらに押しつけるように折って、親指でその2本の指をおさえます。これをムドラーといい、特定のパターン通りにエネルギーを動かす手の位置を示すサンスクリット語です。

❇ 手でこのムドラーをつくり、アルターに向かって、その腕を前後に9回動かします。

❇ 腕をアルターのほうへ伸ばすたびに意識を集中して、熱意を込めて、つぎのマントラを唱えます。

　　マントラ：オム　ショーニーエイ　ナーマハー

❇ 以上のプロセスを終えると、アルターには活力が吹き込まれています。

❇ 毎日かならず、少しでもアルターを意識する時間をつくってください。そうすればアルターの活力が刺激され、エネルギーを発しつづけます。

〈創造性と知識のアルター〉に対応するもの

	メインカラー	青
	サブカラー	黄色
	性質	創造的
	アロマ	ユーカリ
	宝石	ブルーサファイア、ラピスラズリ、そのほか青い色の石
	金属	銀、青銅、または鉄
	ヒンドゥー神	知識と創造性の女神サラスワティー、知恵のガネーシャ
	ヤントラ	サラスワティー・ヤントラ
	マントラ	オム アイム スリム フリム サラスワティー デヴヤーイ ナーマハー*──この発音やほかのマントラは、www.vastucreations.com から入手できます。
	そのほかのスピリチュアル導師	ガネーシャ、大天使ガブエル／ミカエル／ウリエル／ゼドキエル、ミネルヴァ、アテナ、ハトホル
	個人にとっての神聖なアイテム	創造性を刺激したり、さらに深いレベルの知識への欲求を高めてくれるアイテム
	特別な人物	芸術家、作家、教師、そういった刺激を与えてくれる人たち
	曜日	土曜日
	太陽系	土星
	動物	ヘビ
	方角を司る主	バルナ
	エレメント	空気／土
	植物	ユーカリ
	感覚	該当なし
	形	該当なし

*「サラスワティー・ヤントラ」（および対応するマントラ）は供物皿にのせてもよいし、別個に、あるいはアルターに活力を吹き込む儀式のときの副次的ヤントラとして使ってもかまいません。

ある作家の物語

　ジャマールは雄弁で、生活を活気づけるようなコミュニケーション法を身につけていました。思いやりのある30代の若い男性である彼は、出世街道をのぼり、彼のたずさわっている雑誌で優秀な仕事をしていました。彼の記事は有益で洞察力があり、読者層に興味深い問題を扱っていました。しかし、彼にとっての本当の夢は記事を書くことではなく、3年まえに書きはじめた小説を完成させることでした。

　心の奥深くで、彼は終日を小説の執筆に費やしたいと思っていましたが、そうするだけの自信と見通しがありませんでした。わたしたちが初めて会ったとき、彼はその年中に完成すると話しました。2年たっても、完成からはほど遠い状況でした。自宅で書くことに専念できないため、その本は目標を果たせぬまま失望感のつまった重荷となってしまいました。

　つぎに会ったのは、シアトルの美しい夏の終わるころでした。そこは小さな町のビストロの屋外テラスで、花のバスケットがあふれるすばらしい聖所でした。そのときには、ジャマールのストレスは、日常的になっていました。彼の本に進展がないために、その本は、彼にとって自滅の象徴となっているように思えたのです。

　ジャマールに欠けていたのは、人生の大きな展望でした。彼が将来について語るとき、自分の望みを実際には感じていませんでした。彼の内にある独創的な衝動とインスピレーションとのつながりは、閉ざされていたのです。わたしたちは彼を助けるため、〈万能の無限のフィールド〉へ入る方法として〈創造性と知識の祭壇〉を築くことをすすめました。そのことは彼を高揚させ、わたしは喜んでつくり方を教えました。祭壇を創って、そのまえで定期的に沈思黙考して神に指導を請う時間をつくるよう、助言しました。

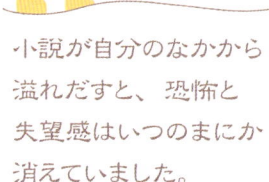

> 小説が自分のなかから溢れだすと、恐怖と失望感はいつのまにか消えていました。
> 未来は希望に溢れ、成功で満たされているように思えました。

ジャマールの祭壇はインスピレーションの拠点となりました。彼は自宅のオフィスの丸テーブルに、小さなアルターをおきました。執筆しはじめると、彼の全ストレスと否定的な思考、で築かれた抵抗壁は崩れたのです。小説が自分のなかから溢れだすと、恐怖と失望感はいつのまにか消えていました。未来は希望に溢れ、成功で満たされていることを確信したのです。

新たな展望からの知恵

中西部出身の風水実践者エリーズは、自分のデザインを通じてあらわされる創造力をむすびつけるため、〈創造性と知識のアルター〉を創りました。彼女は、環境的な調和をつくる過程において、ヴァーストゥ・シャーストラの教えが新しい洞察力と深い理解を与えてくれると確信していました。彼女のアルターは、ヴァーストゥ・シャーストラと風水の橋渡しをする手段となったのです。それによって彼女は、望んでいた深い知恵を引き出し、専門的な教育の幅を広げ、さらに成長するためのきっかけを得ました。

〈創造性のアルター〉用のさまざまなアイテム

さらに深く知る

宇宙の創造的な力を活用し、心を解放します。すると、時代遅れの制限付きの思い込みが自分の中から消えていくのを感じることができるでしょう。あなたは、無限のエネルギー、壮大で制限のない創造性や知識、思いやりがあることを認めてください。才能を自分自身に明らかにし、創造的に生きるときがきています。

「創造性と真の関係を持つためには、そのような関係をはぐくむための時間と気遣いが必要だ」──ジュリア・キャメロン

創造性と知識を高めるアルター

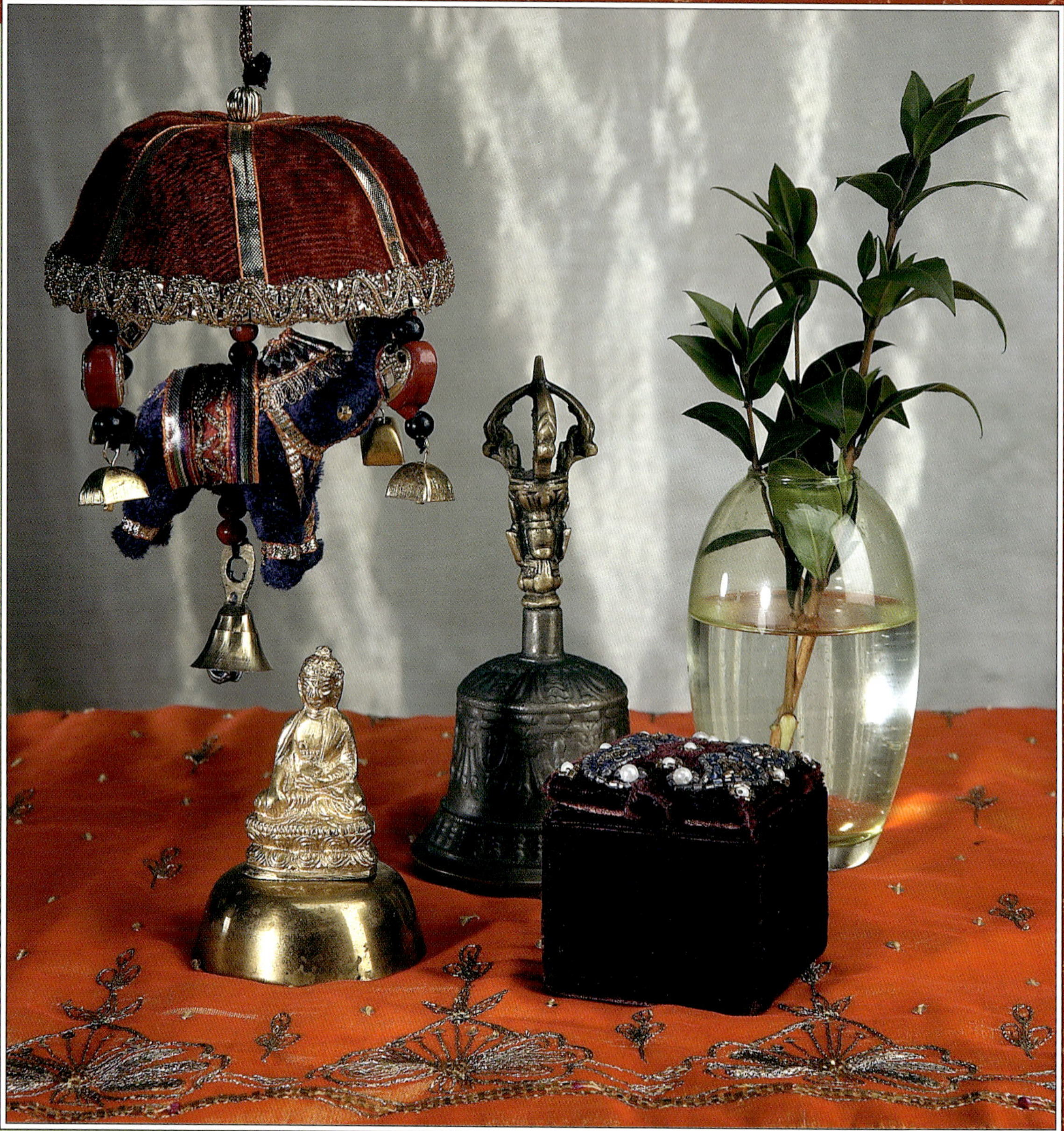

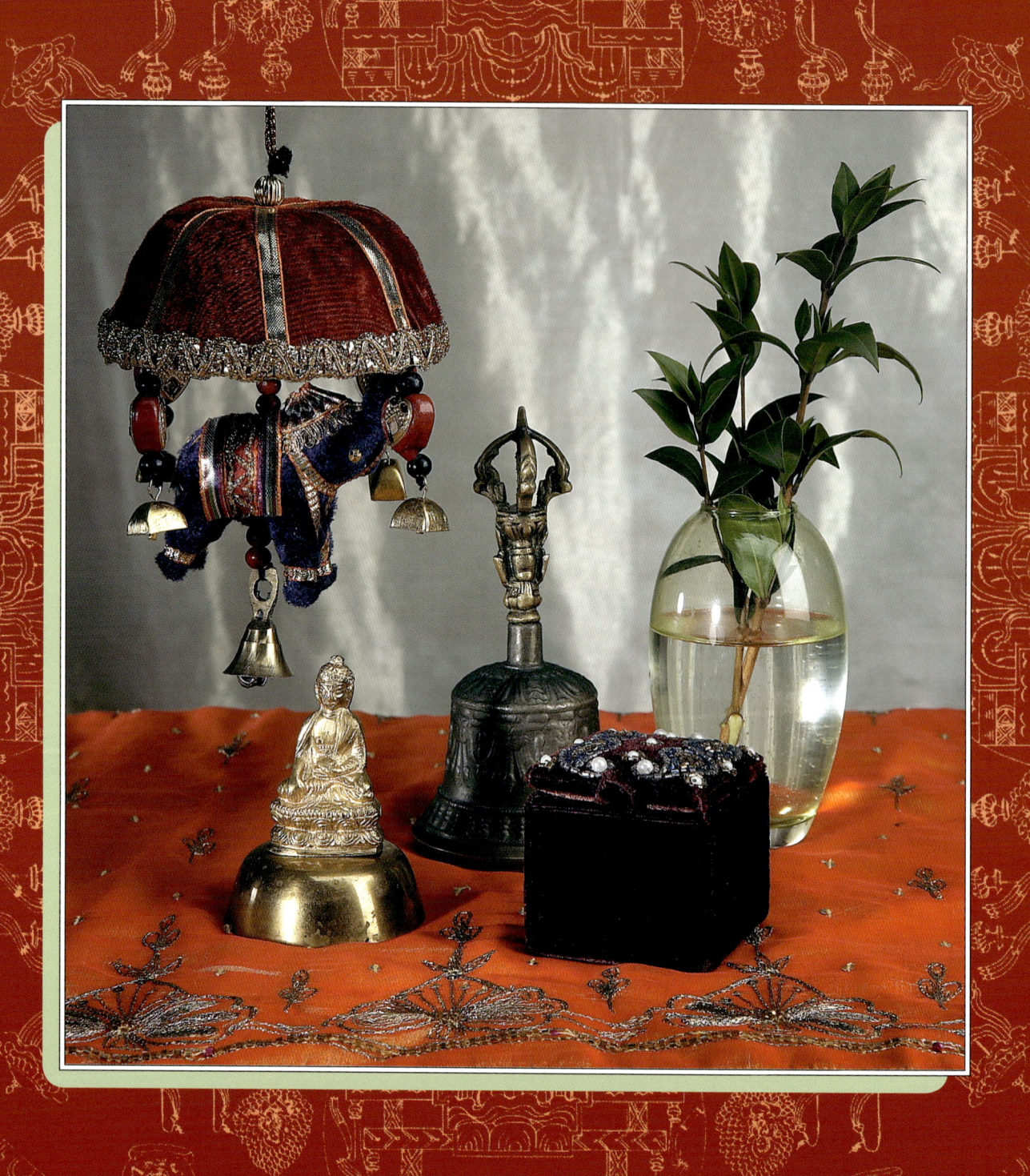

chapter 13

宇宙と人びとによるサポートのアルター

新しいプロジェクトやアイデア、あるいは発展や成長のために助けを必要とするときには、アルターがあなたに宇宙のエネルギーと人びとの助けを引き寄せてくれます。宇宙のエネルギーはつねに成長し発展しつづける意識であり、あなた自身でもあります。個性を表現し、人生の舞台をみごとに演じきる力を与えるでしょう。

　人生には、いたるところで様々な出来事が起こっています。チャンスのすぐ隣で、あなたは立っているかもしれません。あるいは、新しいことに没頭している最中かもしれません。自分に共鳴したり、調和するものを知るには、経験が必要です。理性は新しい経験に対して疑問を投げかけたり、可能性を邪魔しようとするかもしれませんが、心の感じるままにしたがえば、自分の発見と発展につながる道へ導かれるでしょう。意識が100％空っぽで、両手が100％活動していて、心が100％いっぱいならば、そこには後悔や躊躇、疑問や不安を感じることはない、という言葉があります。

　期待と信頼と解放した心をもって壁を乗り越え、新たに広がる世界を創造していきましょう。

サポートを請う

　優秀な成績でカレッジを卒業することになっていたローズは、ベッドに寝そべってロースクールの申込書を眺めていました。もうすぐ20歳になる彼女の望みはロースクールに入ることでした。それは彼女ほど若い者にとっては、怖くなるような計画だったので、ロースクールに進む複雑な心境を理解してくれる人を必要

> そういった行動を
> とることで、
> 宇宙が彼女の意志に
> 気づいたのでした。

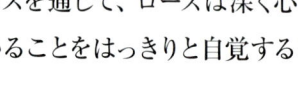

としていたのです。同じような経験をし、すでに法律分野で仕事をし、それも楽しんで仕事をしている人を探していました。彼女がわたしに電話をかけてきたときには、すっかり行き詰っていたために、ふたりで話し合いの場を作りました。

わたしはローズに、自分の状況について具体的に疑問に思っていることと、本当に欲しいものを書き出すようにアドバイスしました。そのプロセスは、思考を制限している彼女の意識を空にして、前向きな行動を邪魔している不安をなくすのに役立ちました。

課題を済ませていたローズは、圧倒されていた気持ちが持ち直し、心配な点を書き出すことで気持ちを休めることが出来ていたため、希望とわくわくする心を持ってアルターを創ることが出来るようになっていました。純粋に心を開いたローズの意志に宇宙が気がついた瞬間です。

まずは、アパートの西の窓のまえに、アンティークテーブルをおいて、装飾用のテーブルクロスをかけました。北東の水のエレメントとして、クリスタル製の花瓶をつかい、赤いバラとユーカリの小枝を挿しました。南東の火のエレメントには、真鍮の器に入れた赤いキャンドルを使用しました。南西の土のエレメントとして、未来を予見する能力を持つ中国の龍を選びました。北西の空気のエレメントは風鈴です。供物皿は真鍮のボウルです。そのなかには、ガラス玉、金色の紙の星、ローザの努力を成功させるための銅製のカーラ・シッディ・ヤントラを加えました。〈自分だけのシンボル〉は、無知を破壊する者であると同時に宇宙の支配者でもある〈宇宙の踊り手〉ナタラジの像です。ローズはナタラジのその小さな真鍮像を、美しい中国扇子を立てているスタンドにおきました。全てのアイテムを並べ終わると、彼女はキャンドルに火を灯して風鈴を鳴らし、ラーフ・プラネタリー・ヤントラとマントラをつかって、アルターに活力を吹き込みました。アルター創作のプロセスを通じて、ローズは深く心を動かされ、そして成功への入り口に自分が立っていることをはっきりと自覚することができたのです。

配 置

空気：北西の場所には風鈴。

水：北東には、赤いバラ1本とユーカリの枝を入れたクリスタル製花瓶。

土：南西の場所には、彼女の将来目標を支えるものとして中国の龍。

火：南東の角に、真鍮製の器にのせた赤いキャンドル。

自分だけのシンボル(図中p)：美しい中国扇子の台においた、宇宙の踊り手ナタラジの小像。

供物皿(図中o)：アルターの中央には、真鍮皿に入れた思い出の品。

神：宇宙の支配者であり無知を破壊する者でもある〈宇宙の神〉として知られるヒンドゥー神ナタラジ。

追加アイテム：すべての努力が成功するための真鍮製カーラ・シッディ・ヤントラと、アルターに活力を吹き込むのにもちいたラーフ・プラネタリー・ヤントラ。

〈宇宙と人びとによるサポートのアルター〉のアドバイス

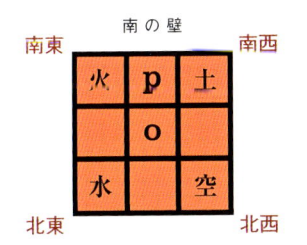

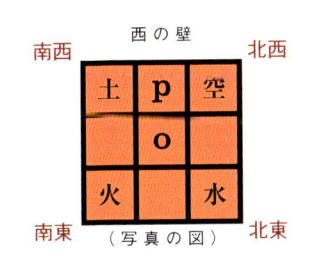

南の壁
南東		南西
火	p	土
	o	
水		空
北東		北西

西の壁
南西		北西
土	p	空
	o	
火		水
南東		北東

（写真の図）

宇宙と人びとによるサポートのアルター

〈宇宙と人びとによるサポートのアルター〉のアドバイス

- アルターの周辺はかならず清潔にし、南または西の壁や窓を背にして、あるいは家または職場の南西部分にアルターを設置します。

- オレンジ色か赤い色が、アルター上のアイテムのどこかにあらわれるようにします。

- 北東の水のエレメントは、アルターに対応する色の生花でもよいでしょう。花瓶は透明、あるいは淡い色のものでもかまいません。

- 南東にはオレンジ色か赤い色のろうそく、またはオイルランプをおきます。

- 土のエレメントとして、南西にはオレンジ色か赤い色の石またはクリスタルをつかいます。助力を得るために、命の踊りの神ナタラジの像をもちいてもよいでしょう。また鉢植えの植物やそのほか自然のものをおいてもかまいません。

- 北西の空気のエレメントには、スタンド型の風鈴やお香、扇、羽などをつかいます。

- 宇宙と人びとによるサポートを引きつけるため、金色の有鉛オーストリアクリスタルを23センチおきに赤い糸に通して、アルターの中央にぶらさげるのもよいでしょう。

- 供物皿として、小皿や小さな器をアルター中央におきます。オレンジ色か赤い色をつかったものにしましょう。

- 望んでいる助けの受けとりの妨害物を取りのぞき、自然の支えを受けとるために、ガネーシャ・ヤントラを供物皿に加えます。

- 供物皿に入る大きさの無地の紙片に、経験したい感情を思い起こさせる手書きの言葉や成句を書きます。神託やアルターカードのように、象徴をあらわすものをそえてもかまいません。

- アルターの中央後部には〈自分だけのシンボル〉をおきます。像、写真、コラージュ、または、人びとの支援を欲する気持ちを強める写真などにしましょう。

活力を吹き込む儀式

〈宇宙と人びとによるサポートの
アルター〉には
ラーフ・ヤントラとマントラを使用

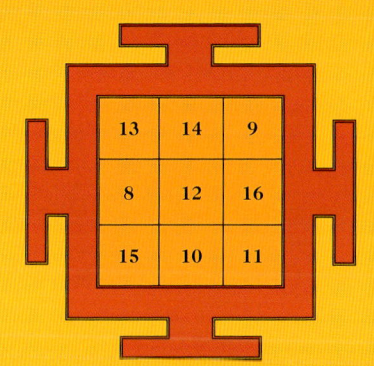

13	14	9
8	12	16
15	10	11

　8方角にはそれぞれ異なる影響力と、関連する星があります。月と地球の軌道が交わる点であるラーフは、自分の内や他人、そして宇宙から受けることが可能な助力に、影響をおよぼします。ラーフは南西の方角と結びついています。好みに応じて、上の図に示したヤーフの方角ヤントラをつかってもよいでしょう。ヤントラを自作して描いたり模写したりしてもかまいませんし、わたしたちのウェブサイトwww.vastucreations.com/freeyantrasから無料でダウンロードすることもできます。そのほかの活力を吹き込むプロセスについては第5章をごらんください。ここで示したのは〈宇宙と人びとによるサポート〉を引きよせるアルター用の活力化プロセスであり、ラーフ・ヤントラとそれに対応するマントラをつかったものです。

宇宙と人びとによるサポートのアルター

活力を吹き込む儀式

❖ アルターのまえに立つ、あるいはひざまずきます。

❖ アルターの上にあるろうそく、またはお香に火をつけます。鈴や鐘がある場合は、それを鳴らして周りのエネルギーを浄化します。その響きが高位の繊細な振動と共鳴して、意識を今この瞬間に集中させます。

❖ 右手にラーフ・ヤントラを持ち、ゆっくりと鼻で10〜12回深呼吸します。

❖ 望みのものを持っている感情を想像します。具体的なことに意識を集中するのではなく、幸せや平和、充実感、愛などを、ただ感じてください。

❖ ・供物皿にヤントラをおきます。

❖ 右手の小指と人差し指を伸ばし、そのあいだの2本の指をてのひらに押しつけるように折って、親指でその2本の指をおさえます。これをムドラーといい、特定のパターン通りにエネルギーを動かす手の位置を示すサンスクリット語です。

❖ 手でこのムドラーをつくり、アルターに向かって、その腕を前後に9回動かします。

❖ 腕をアルターのほうへ伸ばすたびに意識を集中して、熱意を込めて、つぎのマントラを唱えます。

　マントラ：オム　ラーフーアイエー　ナーマハー

❖ 以上のプロセスを終えると、アルターには活力が吹き込まれています。

❖ 毎日かならず、少しでもアルターを意識する時間をつくってください。そうすればアルターの活力が刺激され、エネルギーを発しつづけます。

〈宇宙と人びとによるサポートのアルター〉に対応するもの

	メインカラー	オレンジ色
	サブカラー	赤
	性質	安定性
	アロマ	モミ
	宝石	ガーネット（ザクロ石）、紅玉髄などの、オレンジ色または赤い色の石や琥珀
	金属	鉛
	ヒンドゥー神	宇宙の踊り手ナタラジ、障害物を取りのぞく者ガネーシャ
	ヤントラ	サラスワティー・ヤントラ
	マントラ	オム　グン　ガナパティー　ナーマハー*（グンのンの音はng）
	そのほかのスピリチュアル導師	大天使ミカエル、母なる女神、ケレス、ホルス
	個人にとっての神聖なアイテム	支えられているという感覚を呼び起こしたり、もたらしてくれるシンボルやアイテム
	特別な人物	家族または友人、影響を与えてくれる人たち、霊的な導師や指導者
	曜日	土曜日
	太陽系	ラーフ
	動物	イヌ
	方角を司る主	ニルティ
	エレメント	土
	植物	モミ
	感覚	嗅覚
	形	視覚

＊「ガネーシャ・ヤントラ」（および対応するマントラ）は供物皿にのせてもよいし、別個に、あるいはアルターに活力を吹き込む儀式のときの副次的ヤントラとして使ってもかまいません。

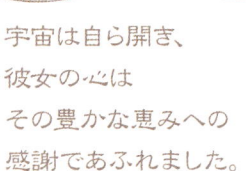

> 宇宙は自ら開き、
> 彼女の心は
> その豊かな恵みへの
> 感謝であふれました。

やる気を創りだす

　同じ地域に住む、生活環境の良くない人たちに対する奉仕プロジェクトを立ち上げるため、少人数のグループがわたしの家に集まりました。皆が到着するまえにこの集まりの効果を高めようと、わたしは〈宇宙と人びとによるサポートのアルター〉を創りました。

　グループの皆は、助けが必要な人たちの力になれるように、自分たちの気持ちをひとつにまとめる強い意志をもっていたので、その気持ちを宇宙へ投げかけてサポートを得ることにしました。しかし、それはボランティアグループへのきわめて個人的な寄与だったので、集まりに参加するほかの人たちにはアルターのことは話さずにおきました。

　ミーティングが始まると、皆のエネルギーがひとつにそろって実りある成果が出るようにと、夫のマイケルが短い瞑想へいざなってくれました。理想は、宇宙からのサポートがもたらされ、新しくて胸が躍るようなものを創るために自分たちの心が開かれることだったのです。

　アイデアが流れこみはじめ、皆のあいだのエネルギーが強くなり、わたしたちは同じコミュニティの恵まれない女性たちに元気を与えるプロジェクトを考えだしました。心と理性と魂のバランスをとるというプロジェクトで、「エンパワメントプ

ロジェクト」と名づけました。そのプロジェクトは誕生すると急速に発展したのです。つぎからつぎへ扉が開き、人手や資金、必要な技術が提供されました。プロジェクトは人道的活動と、世界規模のコミュニティの模範となっていきました。

〈宇宙と人びとによるサポートのアルター〉を築くことによって意志を形に創りあげると、宇宙は奉仕するあなたに力を貸し、個人だけでなく、コミュニティ全体としても宇宙の無限のサポートを得ることができるのです。

宇宙のサポート

　人生に変化を創りだすための方法をもとめて、多くの人たちがアルターのワークショップを訪れます。その中の1人であるナオミは居心地の良い仕事をして、大好きな分野で働けることを幸せだと感じていましたが、もっとインパクトも欲しいと思っていました。そのためには、互いに影響し合い、新しい見通しを分かち合う人たちとの交流範囲を広げる必要があると自覚していましたが、自分をアピールすることに慣れていない彼女にとってそれは容易なことではありませんでした。自分の望むものをもとめ、それを受けとるために心を自由にすることは、個人的な問題なのだと感じた彼女は、〈宇宙と人びとによるサポートのアルター〉を創りました。

　ナオミはアルターのまえで定期的に時間をすごしました。落ち着いて考える時間を通して、彼女が求めている

〈宇宙と人びとによるサポートのアルター〉用のアイテム

ことは、ほかの人たちが本当に必要としているサービスだということに気がつき、自信が沸いてきたのです。それからすぐに、チャンスが訪れはじめ、彼女の才能と能力が認められると同時に、多くの人たちが喜んで彼女のサポートを望むのでした。宇宙は自ら開き、彼女の心はその豊かな恵みへの感謝であふれたのです。

けっして独りではない

　宇宙に向けて自分を解放し、あなたの声は届くのだと信じましょう。〈宇宙と人びとによるサポートのアルター〉を創るとき、その目的が自分自身のためであれ、他人のためであれ、宇宙の無限の存在はその言葉を聞き届けます。利用することのできるサポートとパワーは、それぞれの時間、あらゆる時間のなかであなたを待っています。

「自分で自分を助けなさい、
そうすれば、
天はあなたを助けるでしょう」

———ジャン・ド・ラ・フォンテーヌ

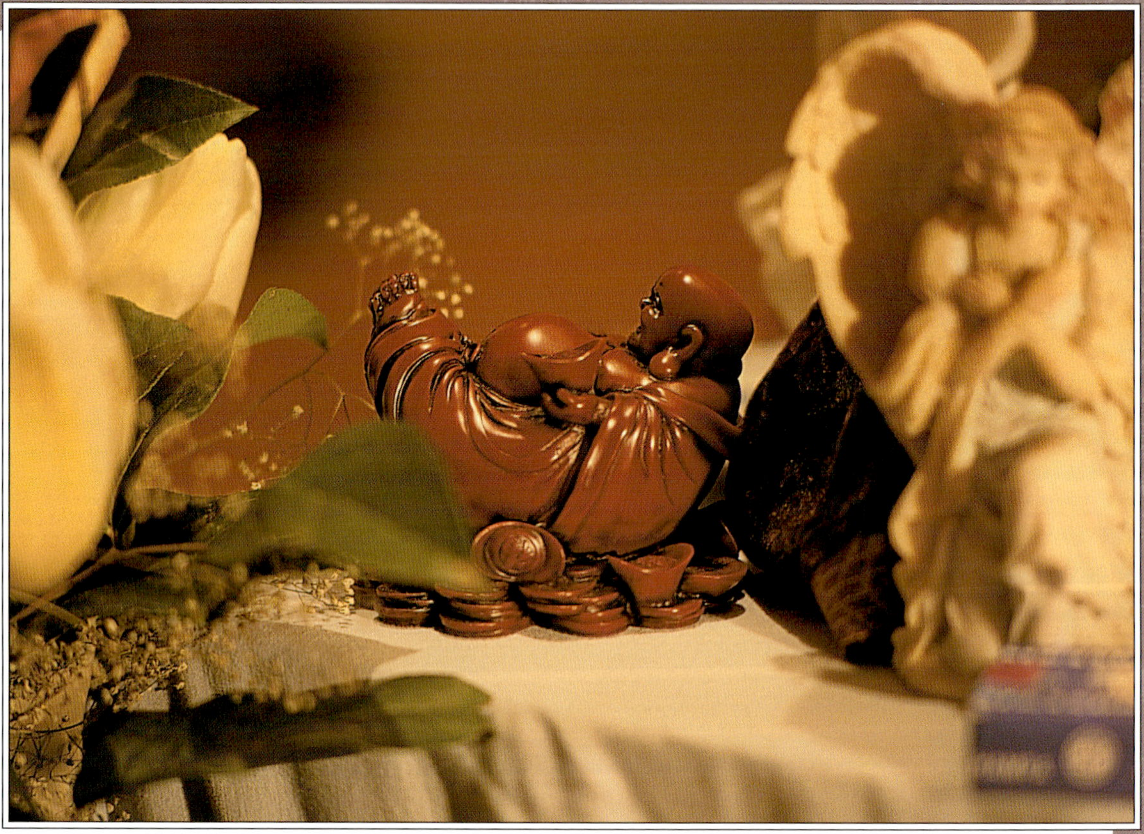

chapter 14

特別な行事を祝うためのアルター

人生の節々を祝いましょう。

特別な時を尊ぶと、時間がたつうちにその経験が深まります。それはその儀式に参加した人びとを敬う方法であり、心に流れこむ思いやりや祝福を生みだします。結婚、ベイビーシャワー*、誕生日、記念日などは、アルターを創ることのできる機会の、ほんの数例です。一時的なものという性質のため、特別な行事のためのアルターは、屋内外のどこにでも設置することができます。ただし、そこに使用するものは正しい方角におくことが重要です。水のエレメントは北東、空気のエレメントは北西、土のエレメントは南西、火のエレメントは南東、空間のエレメントは中央、そして〈自分だけのシンボル〉は空間のエレメントのうしろにおきます。下の図を参照してください。確実に正しく設置するためには、コンパスをつかう必要があるでしょう。

*欧米では一般的な風習で、出産を間近に控えた母親やカップルを囲んで祝福するパーティー。

祝いのアルター

> 愛を土台にして
> アルターを
> デザインすると、
> そのアルターのアイテムは
> この上ない祝福で
> 満たされるでしょう。

団結を敬う時間

結婚——アルターは幸せな夫婦の写真から始めて、新鮮な花を加えます。どのエレメントもかならず前ページの図のとおり、正しい配置におさまるようにしてください。

結婚式の日のまえに時間を確保して、アルターを含めた儀式をおこないます。家族や結婚パーティーの参加者にカードをわたして、新郎新婦に宛てた言葉を書いてもらいます。それらの言葉は皆のまえで読み上げてから、アルターの上においてもよいでしょう。その知恵や思いやり、喜びなどの言葉はアルターの活性化に利用できますし、その行事に団結して愛情のこもった影響をおよぼすことにもなるでしょう。そのアルターは、新たな始まりに調和をもたらします。人びとの祝福が1枚に編みこまれ、愛情たっぷりの支えのタペストリーになるのです。愛と幸福と成功する結合をうながすアルターにもちいるのにふさわしい色は、黄色と青です。銀色のアイテムもいくつか加えてみましょう。

新しい命の贈りもの

ベイビーシャワーや誕生日の祝い——アルターを創る喜ばしい時間は、新しい命がこの世に生まれるときです。子どもの誕生にささげるアルターにふさわしいアイテムは、ベビー靴や積み木、ゴムのあひるなどです。そのアルターはお祝いの一部にします。集まる人たちには、アルターに加えるために、意味のある小さな品を

〈子どもの創造性のアルター〉

持参してほしいと知らせましょう。また、それらのアイテムをアルターにささげるときには、その特定の品を贈り物としてえらんだ理由を、その場にいる人たちのまえで話すことも知らせておきます。そうすることで各アイテムが物語を持ち、特別な意味を持つようになるのです。愛を土台にしてアルターをデザインすると、そのアルターのアイテムはこの上ない祝福で満たされるでしょう。

　親である人たちは、ベイビーシャワーや誕生日祝い用のアルターを創るプロセスを楽しむでしょうし、同じアイテムを、子どもたちが成長してからその子たちの〈創造性のアルター〉にふたたび利用できることが理解できるでしょう。後になって、アイテムを子どもたちの〈創造性のアルター〉につかうことになったら、新しいアルターはサポートを与えてくれる西に設置します。そのアルターには、創造性の色である青と黄色をもちいましょう。

命は恵み

誕生の願い——過ぎ去った年を尊び、来る年を祝うアルターは、愛する人へのすてきな贈りものになります。人の誕生日パーティーでアルターを創ったり、自分自身の特別な日に自分を敬うアルターを創ったりしましょう。ろうそくや文字にした祝福の言葉で、そのアルターを飾りましょう。感動したり、深い感情を呼び起こしたりするようなアイテムを加えましょう。愛をこめてアルターをデザインするとき、そのアルターは具現の瞑想となります。アルターを組み立てながら、健康や成功、心の充足感への望みを抱いてください。そういった感情がアルターにしみこみ、恵みがもたらされるでしょう。健康には白い色、成功には赤い色、充足感には金色をもちいます。

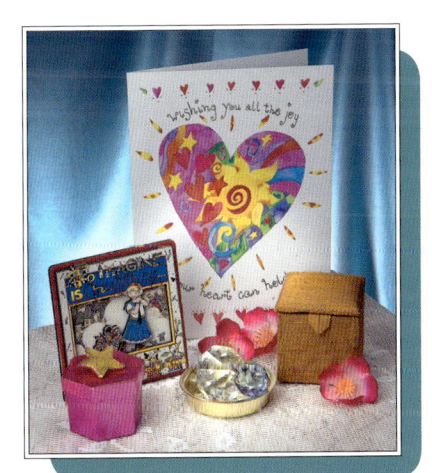

特別な行事を祝うためのアルター

〈記念日のアルター〉用のアイテム

あらゆる時を祝う

記念日の祝福──記念日の祝いにささげたアルターは喜びに満ち、心に深く触れる贈りものになります。お互いを思いやり、人生を分かち合っている2人を記念するために築かれたアルターは、愛のこもった素晴らしいおこないであり、互いの献身を敬う方法です。自分の両親や友人の記念日、あるいは自分自身の記念日を祝うために、記念日祝福のアルターを創りましょう。そのアルターを自分のパートナーのために創る場合は、自分に祝福を思い起こさせてくれるような特別なアイテムをアルターにおきます。アルター儀式の一部として、えらんだアイテム1つひとつの意味を説明して、知ってもらいましょう。慎重に創ったアルターを通じて、大好きな人たちに意識を向けることが、純粋な祝福になります。それによって、その人たちと周囲の環境を敬うことにもなります。それは愛という健康の薬の入った秘薬です。アルターの潜在力を強めるために、黄色と青を加えることを忘れないでください。またアルターには、銀婚記念や金婚記念を思い起こさせるアイテムをつかってもよいでしょう。

> "自分や他人を祝うためのアルターを創ることによって、宇宙のエネルギーとの結びつきが築かれます。"

あなたが恵みそのもの

あらゆる点でも日常的にも、あなたこそが恵みなのです。神は手を差し伸べて、あなたが今この時の一瞬一瞬がもたらす豊かさのなかで精一杯生きるよう、もとめています。目を開けて、深呼吸してください。思いやりの行動を通して自分自

身を敬い、宇宙を敬いましょう。自分の人生を神聖なものと考えてください。あなたはつむがれた命の織物の一部です。喜びと深い充実感を得るために、自分のなかにある永遠の存在との結びつきをつくりましょう。

　自分や他人を祝うためのアルターを創ることによって、宇宙のエネルギーとの結びつきが築かれます。毎日アルターのまえに座る時間をつくって、人生にもたらされる恵みを受けとりましょう。そのプロセスを信じてください。忍耐強く、あなたの言葉は聞き届けられ、けっして忘れられることはないことをわかってください。自分の命を尊びましょう。もっとも優れた贈りものは、あなたなのです。

「人生を振り返ったとき、真に生きていた瞬間とは、愛の精神をもって行動した瞬間だとわかるでしょう」

——ヘンリー・ドラモンド

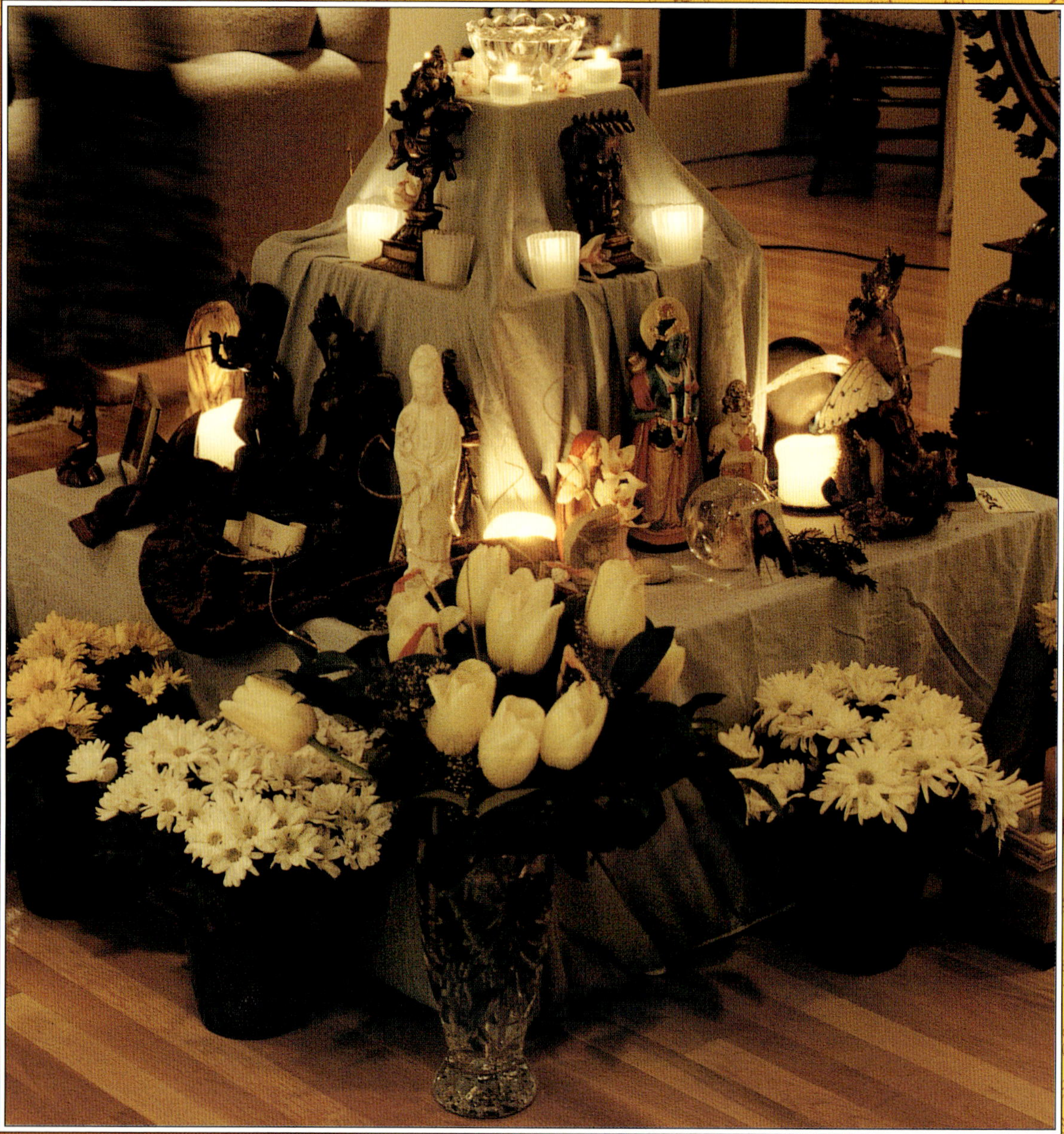

chapter 15
地球平和のアルター

世界平和のためのアルター

　平和のために祈ろうと、わたしたちは集まりました。30人の女性と男性、新旧の友人たちが意識を共通の目的に集中させるため、シアトルにあるわたしたちの家を訪れました。そのとき、アルターに置くのに個人的な意味を持つ品を、全員がそれぞれ持ち寄りました。

　それは4月30日、満月の日でした。この日の夜は、多くの東方諸国で仏陀の誕生日を祝うウェーサーカ祭がおこなわれます。なかには、それがキリストと仏陀がヒマラヤの秘境での伝説的な出会いを記念する行事だと信じて、パワフルな霊的エネルギーと結びつくのにたいへん良い時だと考える人もいます。わたしたちはそれをほかの人たちと調和して、平和の恵みを願うのに完璧な機会だと感じていました。

　集まる日の前日、わたしたちはリビングルーム中央の天窓下の空間に、3段の木製アルターを築きました。ヴァーストゥの原理にしたがってデザインされた家のなかのこの位置は、意識の中心という意味の〈ブラフマスターナ〉と呼ばれ、ヴェーダ式家屋のエネルギーが集まる中心点です。そのエネルギーが集まるとその家は祝福されます。

　そのアルターに白い布をかぶせ、最上段に、恵みを集める空気のエレメントをあらわす空(から)のボウルをおきました。4隅には4つの方角──土、空気、火、水──を示すアイテムをおきました。2段目には仏陀とキリストの像を、ろうそくや花と一緒に並べました。最下段にはヒンドゥーの神々をおいて、ほかの人たち

が持ってくるアイテム用の場所をもうけました。ほかの人たちが到着すると、皆で楽しくビュッフェスタイルの夕食をとったあと、1時間ほどかけてアルター上の配置を変えてはまた変えてを繰り返し、バランスと調和の感覚を完成させました。全員がその夜の霊性に没頭して、彼らの神聖なアイテムだけでなくアイデアも提供しました。

最終的には3段目とその下の床に、世界中の伝統的な精神世界から集まった像や写真が並ぶという、驚くべき成果が現れました。天使たちがクリシュナとラクシュミーの隣に立ち、マザー・テレサから角を曲がったところに、有名なヒンドゥーの神々と笑顔の仏陀が並んでいます。ほかの人たちは、中国の慈悲の女神観音像や家族の保護者聖ヨゼフ、スペインに征服された後、包囲されたメキシコインディアンたちに平和のメッセージを伝えたグアドルーペ修道女を加えました。けがから守って悲しみを癒すのを助けるヒンドゥーの猿神ハヌマーンが、儀式用のネイティブ・アメリカン・フルートを見つめています。

夕食を終えたわたしたちは、ろうそくとお香に火をつけ、電気の明かりを落とし、アルターの周りで輪になって手をつないで、静かに瞑想しました。そのあと、ひとりずつ象徴アイテムの理由を話しました。

キャサリーンは時輪マンダラの絵を持ってきました。平和が脅かされたときにチベット僧が砂絵として再現した、ダライラマの平和のシンボルです。クリスタは、家族の調停者である母親の写真を小さなハート型の額に入れたものを、アルターにおきました。ジョアンは、大切な命の脆さを象徴する、小さなイカの卵のうを持ってきました。誰もが神の心にある花だという理由からバラ、あるいは全人類の基本である一体感をあらわしている1本の茎に2輪の花がついたユリなどの

地球平和のアルター

花を持ってきた人たちもいます。シェリーが持ってきた白いチューリップの豊かな花束には、混乱した状態でもユーモアは大切だということを思い起こさせる線香花火が4本差し込まれていましたし、エリックは、ものごとの核心にあるものを見つけだすまえに通らなければならない困難を象徴する、大きなアーティチョークを3つ持ってきました。

何人かはアーシュラムや教会など、平和な気持ちになる神聖な場所の美しい石を提供しました。平穏をもとめることを教えてくれた、霊的導師の写真を持ってきた人もいます。ジェインは愛らしい磁器製のつぼを持ってきました。そのなかには、彼女にとって透明さを象徴する泉の水がいっぱいに注がれていました。シーラは、ネイティブアメリカンの伝統的な手彫りのクリスタル製のクマを、霊的世界の強力な助けを呼びよせるものとして持ってきました。レミーは広い心を分かち合いたいと思った友人から贈られた、手塗りのひょうたんを出しました。

1人ひとりの話を聞くにつれて、わたしたちの心がひとつに溶け合って、魂が喜びで浮き上がるような気がしました。そのアルターの土台を道端に捨てられていた材木で築いたマイケルが、意識の集中と意志が、がらくたを可能性に変化させてくれたと話したとき、それを理解したわたしたちは皆、大笑いしました。

> " 意識の集中と意志が、がらくたを可能性に変化させてくれました。"

わたしたちは皆で美しいアルターを創っただけでなく、地球平和への希望をはぐくんで支えてくれる、温かい一体感をも創りあげました。またそのことによって、アルターを創り、祈りや瞑想、儀式によって活気を与えることが、気持ちを集中して神の恵みをもたらすための力強い方法だという信念を、あらためて強くしました。

世界平和を尊び、コミュニティを創りあげ、万物の本質に意識をもたらすためにアルター

を築くことは、たいへん力強い意思表示です。皆の気持ちをひとつに合わせて心がひとつになったとき、偉大な力が生まれます。満月やウェーサーカの月、収穫月の時に、世界平和を祝うことができます。それ以外に母なる大地を崇める時は、春分や秋分の日などの季節の変わり目です。そういった時には、心の望みが宇宙の祝福を通してかたちとなるためのエネルギーが熟します。

3段のアルターは、南北の軸と平行になるようそろえて、箱の上に箱を積み上げることで簡単に創ることができます。箱を互いにテープで貼り合わせてから、白い布を優雅にかぶせましょう。最上段の箱の中央に、供物皿またはボウルをおきます。小さな無地の紙片に願いを書いたものを入れてもよいですし、あなたのために神に満たしてもらえるよう空(から)のままでもかまいません。各エレメントをあらわす小さなアイテムを、最上段の4隅におきます。大きめのアイテムをもちいる場合は、より広い空間のある3段目においてもよいでしょう。

水のエレメントは北東の隅に、火のエレメントは南東の隅に、土のエレメントは南西、そして空気のエレメントは北西の隅におきます。中段と3段目には、像や絵、写真、自然のもの、無地の紙片に書かれた言葉など、平和の象徴をならべます。美しさを加えるために各段に花をおいたり、アルターの最下段のまわりに花の咲いた大きな鉢植え植物をそえたりしてもかまいません。アルターの土台となる箱は食料雑貨品店で購入したり、譲ってもらったりできます。

下に、このとき利用した箱のサイズを示しました。

最上段:15cm × 15cm × 15cm　中段:40cm × 40cm × 40cm　最下段:60cm × 60cm × 60cm

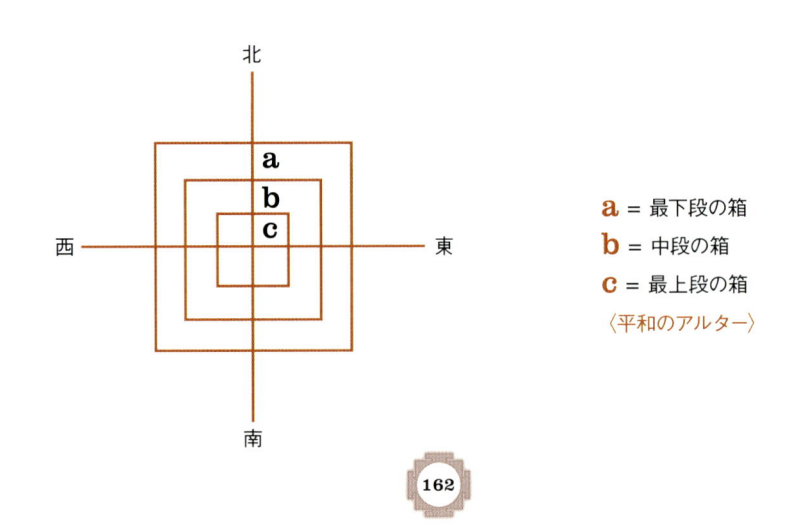

a = 最下段の箱
b = 中段の箱
c = 最上段の箱
〈平和のアルター〉

「国同士の平和は、個人同士の愛の確固たる土台のうえに成り立ちます」

——マハトマ・ガンディー

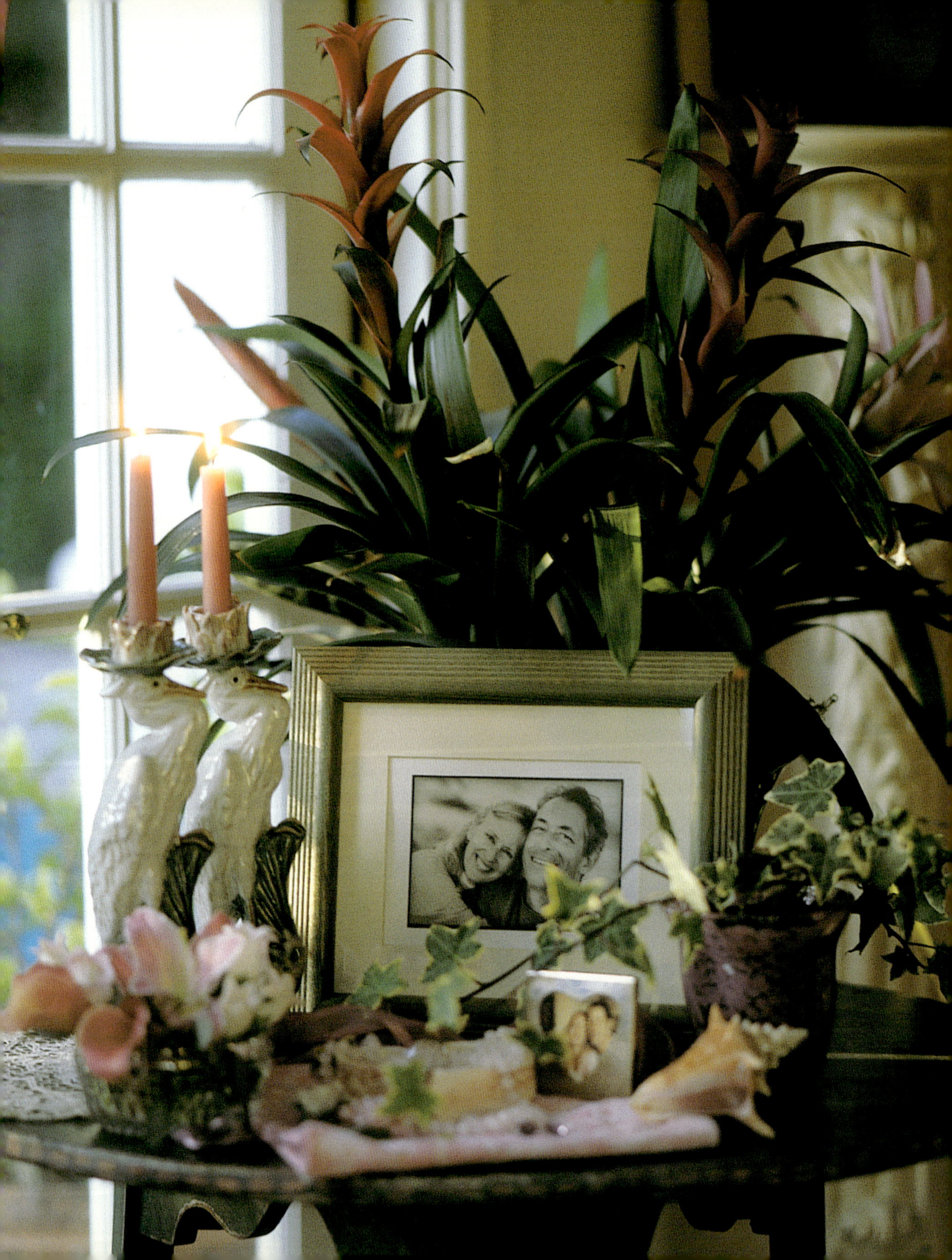

巻末資料 3

用語解説

9枝の燭台　中央の幹と8本の曲がった枝からなる儀式用のろうそく立て。ユダヤの伝統で使用される。

自分だけのシンボル　像や絵、コラージュ、あるいは感情をうながす写真など。本書で説明した祭壇のデザインの一部として使用される。

全体設計　アンティオキア大学クリエイティブ・チェンジ・センターで教えている研究分野。創造的なデザインの伝統と、体系的な思考の原動力、全体主義の統合理解を同時にもたらすシステム設計として定義される。維持可能な望ましい将来への存在をもたらす、人間の挑戦を再構成するための秩序を越えた手法。

祭壇　儀式をおこなうために創られた構造あるいは環境。

アーカーシャ　空間やエーテル、または万物が現れる源を意味するサンスクリット語。

アートオブリビング財団　他者への奉仕を主な目的とする国際的な人道主義組織。

ヴァーストゥ・シャーストラ　約7000〜1万年まえに生まれた環境と調和する建築科学。インドで開発された。

ヴァーストゥ・クリエーション　ヴァーストゥ・シャーストラの芸術と科学に向けられた生産物、サービス、訓練など。

ヴェーダ　ヒンドゥー教最古の神聖な文書。詩篇や呪文、賛美歌、礼拝文句などをふくむ。

ヴェーダ式　ヴェーダの、あるいはヴェーダと関連する。

渦　すべてをその中心へ引きよせるエネルギー、力、あるいは、あらゆるところに浸透しているパワー。

宇宙の助力　万物を包括する宇宙の、あらゆるところに充満している存在。永遠であり、不変なもの。

供物皿　願いのシンボルを入れるための皿やボウルなど、ふたのない器、または平らなかたちのもの。

かなめ石　またヴァーストゥ・クリエーションによってデザインされたものは、すべてのおこないにおいて保護と成功を保証し、祭壇の活性化に使用する太陽の強力なシンボルでもある。

神（ディヴァイン）　名詞：キリスト教の創造神。多神教の男神および女神。宇宙の根底にある創造および維持する力。

神（ディヴァイン）　動詞：直感または霊感（インスピレーション）によって何かを学んだり発見したりすること。

ガンマ線　太陽が沈むとき、西から生じる非生命維持光線。

帰依者　霊性グループの激しい熱狂者、あるいは従事者

儀式　確立された式典。儀礼あるいは礼式。

共鳴　深く豊かな音の性質。同調的な振動を発生する、あるいは増長する。

化身　神が地上へ降りること、あるいは人や動物への転生

サッダーナ　霊的実践を意味するサンスクリット語。

サハジ・サマディー瞑想　不要なストレスや感情を取りのぞくのを助ける、マントラを基礎とした瞑想テクニック。アートオブリビング財団で教えている。

サンスクリット　古代インドの言語。ヒンドゥー教とヴェーダの言語である、インドの古代文語。

紫外線光線　可視光スペクトルの端の紫色の外側の電磁放射線。あるいは太陽光線の構成要素の1つ。

磁気エネルギー　電荷や電流の動きによって発生する、物理的な引力の現象。

磁極　地球の表面で磁場がもっとも強い、地理学的極点近くにある2つの地域の1つ。

磁場　磁気を帯びた物質あるいは電流回路に囲まれた空間領域。結果として生じる、磁力は探知可能。

シャクティー　女性の力を意味するサンスクリット語。宇宙における仕事での創造的原理、とくに神の女性的な構成要素と関連している。しばしば女神として表現される。

数珠（じゅず）　ひと続きのビーズ。詠唱するときに使われ、ネックレスとして身につけることもある。詠唱される言葉の振動エネルギーを持つ。

女性の神性　宇宙の創造エネルギーおよび維持エネルギーの基本にある女性的な資質。

ジョーティシュ占星術　ジョーティシュとは「ヴェーダの全知の目」を意味する。インドで始まった世界最古の占星術。

神格　創造神や多神教の男神・女神と結びついた資質。

神性　男神、女神、そのほかの神的な存在。

スーダルシャン・クリヤー　サンスクリット語で、スーは正しい、ダルシャンは展望の意味。頭と体と魂を浄化する、すばらしい呼吸法。アートオブリビング財団で教えている。

スーフィズム　イスラム教の内なる神秘的あるいは霊的な側面。

聖堂　聖人や神聖なできごとと関連した、礼拝のための神聖な場所。あるいは神聖な遺物を入れた箱や器。また、聖像のある水平な出っ張りやアルコーブ。

赤外線　正午から午後6時まで放たれる非生命維持光線で構成されている、目に見えない電磁スペクトルの1つ。

体系的な思考　テーマを研究するにつれて多くなる相互作用を考慮して、観点を広げること。

太陽エネルギー　太陽と関連する、あるいは太陽で発生するエネルギー。

太陽磁場の碁盤目　東西と南北に走る経緯度線のように地球の表面をおおう、太陽エネルギーと磁気エネルギーの線。人が真北と一直線になると、自然界と調和する。

月のエネルギー　地球と地球に住む生物におよぶ月の影響。

導師　ある分野で卓越し、影響力が大きく、人びとが崇拝し、あとにしたがう霊性の指導者。

熱エネルギー　太陽で生じる熱。地球と地球に住む生物に影響をおよぼす。

プージャー　神を崇める短い儀式。詠唱や祈り、5エレメントを象徴する儀式の供物を使用する。

風水　地域の文化・気候・地理的な問題に適用されたヴァーストゥ・シャーストラを中国語に訳したもの。

マントラ　神聖な言葉や詠唱、響き。霊的なパワーと意識の変化をうながすため、瞑想のあいだ繰り返し唱える。

ムドラー　特定のパターン通りにエネルギーを動かす手の位置を意味するサンスクリット語。

ヤギャ　長いあいだ伝えられてきたヴェーダ儀式の精巧なシステム。この儀式のおこなうと、個人またはグループの望みを叶える自然のパワーが引きよせられる。

ヤントラ　何千年もまえにデザインされた幾何学模様。神聖な響きを暗号化したもの。どの図柄も強力な周波数を発し、生命をうながす宇宙エネルギーを有する。多様なデザインがあり、それぞれが特有の影響を周囲におよぼす。

リシス　偉大な知識を有する学者や人たちを意味するサンスクリット語。

ロザリオ　ひと続きのビーズ。祈りにつかう。

錬金術　あるものを、はるかに純粋なかたちへと転換する力

土のエレメント　南西と結びつき、その方角から生じる影響や力、助力の基礎となる。

火のエレメント　南東と結びつき、前向きの動きや変化、転換を活性化するエネルギー。

水のエレメント　北東と結びつき、霊的および物質的成長に影響をおよぼす。

空気のエレメント　北西と結びつき、動きや変化、魅力と関連している。

神、女神、そのほかの神々

聖母マリア　イエス・キリストの母。「天使の女王」と呼ばれる。もっとも愛情深く、忍耐強い、昇天した偉人の1人。癒しや子どもへの助力への支え、あるいは哀れみを必要とするとき、呼びかける。

アグニ　ヴェーダの神々でもっとも重要な神の1人。火の神であり、神々のメッセンジャー、いけにえの受け手。すべての人の炉床に存在し、活き活きとした生命の力であることから、全生物のなかにこの神の一部が宿っている。

アッシジの聖フランシスコ　動物の守護聖人。

アテナ　知恵、戦争、芸術、産業、正義、技術をつかさどるギリシアの女神。

アバンダンティア　成功、繁栄、豊饒、幸運をつかさどる美しいローマの女神。貯蓄や投資、富の保護者としても考えられている。

アポロン　ギリシャの太陽神。予言、光、音楽、癒しをつかさどる。オリンピアの神々の1人。ゼウスの息子で、女神アルテミスの双子の弟。

アルテミス　ギリシアの狩猟の女神で、アポロンの姉。野生と繁殖の女神。

イシス　もっともよく知られるエジプトの女神の1神。母なる女神として崇められている。月の女神であり、女性の特質や母性、魔術、癒し、パワーなどを具現する。

イシュナヤ　勇猛さや精神性に影響する、北東のヒンドゥー神。

インドラ　ヴェーダの時代、あらゆる神々をつかさどった至高の支配者。インド神話ではディーヴァとして知られる。ディーヴァには戦争の神や雷と嵐の神もふくまれる。インドラは全戦士のなかでもっとも偉大であり、全存在のなかでもっとも強力な者である。また、邪悪な力に対抗する神と人類の防御者であり、東の方角と結びついている。

ヴァーユ　風のヴェーダ神。変化のエネルギーであり、北西に住む。

ヴァルナ　ヴェーダ神のなかでもっとも重要な神の1人。宇宙の主であり、神性の秩序を守り、雨をもたらし、対比を際立たせる。全知全能。太陽が空に昇り、昼と夜が別々であり、地球がその形を維持することへの責任を担う。どの集まりにも同席し、どの考えも知っている。西に君臨する。

ヴィシュヌ　ヒンドゥー教とインド神話の主神。宇宙の保護者として考えられている。シヴァ、ブラフマーとともに偉大なヒンドゥー神、三位一体神の1神。

エロス　愛と性的欲求をつかさどるギリシアの神。繁殖の神としても崇拝されている。

カーリー　ヒンドゥー教の母なる女神。解体と破壊の象徴。無知を破壊して、秩序ある世界を維持し、神の知識をもとめて努力する人びとを祝福し、自由にする。

ガネーシャ　ヒンドゥー教の象神。障害物を取りのぞく者であり、知恵や繁栄、思慮深さ、学びを授ける。

観音　慈悲、哀れみ、保護の中国の女神。神の女性エネルギーの恵みと愛のシンボル。その名は、「祈りを聞く者」を意味する。観音にささげられた祈りのすべてに耳を傾け、答えが授けられる。人びとが心を開放して霊性の贈りものを受けとり、深みのある知識や悟りを得て、世界の苦痛を減らすのを主に助ける。その名を口にしただけで、かならず害から守られるといわれている。

キリスト　イエス・キリスト。キリスト教における神の子。彼自身と神と聖霊とで三位一体を成す。人間の罪を贖い、愛と需要を教えるため、地上に遣わされた。

クベーラ　富のヒンドゥー神。北と結びつき、その方角に住む。豊かさを繁栄に影響をおよぼす。

クリシュナ　ヒンドゥー教とヒンドゥー神話において、ヴィシュヌー神の8番目の化身あるいは転生。ヒンドゥー神のなかでもっともよく知られ、喜びと幸せをはこんでくる。あらゆる関係、とくにロマンティックな性質の関係に恵みをもたらし、霊性の目覚めを助ける。

ケレス　農業と穀物、そして子どもたちのために耐える母親の愛をつかさどるローマの女神。

シヴァ　ブラフマーとヴィシュヌーを含む偉大なヒンドゥー神、三位一体神の第3神。破壊者と呼ばれるが、再生の面もあらわす。

聖ヴァレンタイン　夫婦や恋人同士、愛、幸福な結婚の守護聖人。

聖ガエタヌス　求職者や失業者の守護聖人。聖なる母、ヒンドゥー文化ではデヴィとしても知られる。デヴィとは「女神」の意。戦士の女神ドゥルガ、破壊神カーリー、象頭神ガネーシャの優しい母パールヴァティーなど、多くの名や姿を持つ。

大天使ウリエル　ウリエルとは、「神の光」を意味する。錬金術や霊的理解、執筆、天気を支える。詳しい情報を下にした決断を下すときに、助けをもとめる。

大天使ガブリエル　ガブリエルとは、「神はわたしの力である」を意味する。使者の天使。創造性と繁殖、コミュニケーションを助ける。

大天使ザドキエル　ザドキエルとは、「神の道理」という意味。慈悲と哀れみの大天使。自分や他人のなかに神の光を見るのを助けてくれる。

大天使ナサニエル　ナサニエルは、「神の贈りもの」を意味する。火のエレメントをつかさどり、神の愛から隔離されているというわたしたちの思い込みを燃やし去ることで、制限された自己を永遠の自己へと変化させる。

大天使ミカエル　ミカエルとは、「神に似た者」を意味する。主な役目は地球と地球に住む生物から恐怖と関連する毒素を取りのぞくこと。

大天使ラファエル　ラファエルとは、「神が癒す」という意味。人と動物の癒しをうながし、体と心と魂の癒しを助ける。

タラ　ヒンドゥー神話で星をつかさどる女神。「タラ」とは星を意味する。星が航海士や旅行者の道を案内することから、旅行でも精神的な旅でも、あるいは日常生活においても、無事に旅をおこない、安全な道を見つけるのを助ける。

ディアナ　自然、繁殖、出産をつかさどるローマの女神。月の女神。ギリシアの女神アルテミスと同一視されることが多い。

ナタラジ　宇宙の踊り手。命の踊りの神。宇宙の秩序と動きを支配する。破壊、再生、性的能力の神。

ニルティ　西に宿るヴェーダ神。助力をつかさどる。不適切な助力をおこなうと、障害が現れる。

ヌート　天をつかさどるエジプト神。空と天国の化身。混沌の力と秩序だった現世の宇宙を隔てる。手足の指が基本方位（東西南北）に触れていると信じられている。

パールヴァティー　女神、純粋さ、活力、強さを象徴する母なる女神。誠実な交際や繁殖と結びついている。象神ガネーシャの母。

ハトホル　古代エジプトの至高の女神。愛と美、喜び、踊り、音楽をつかさどる。ソウルメイト同士を会わせたり、繁殖の手助け、子どもたちの成長をささえる。

仏陀　仏教の父であり、創始者。偉大な神ヴィシュヌーの化身ともいわれる。内なる平和を得ることで、苦痛からの離別について教えた。

ブラフマー　ヒンドゥー神話の創造神。三神一体説の保持神ヴィシュヌー、破壊神シヴァとともに、ヒンドゥー教の偉大な三神の1神。

ヘラ　オリンピアの神々の女王。結婚と出産の女神として崇められる。

ヘルメス　神の使者。羊飼い、陸路の旅、商人、修辞、文芸、重量、測量、運動、そして泥棒の神。狡猾さと抜け目のなさでも知られる。また、夢と幸運をもたらす。

ホルス　ハヤブサの頭を持つ太陽と空のギリシア神。力と勝利をあらわす。すべての人びとを愛の目を通して見るよう教えている。

マーリン　呪術師、予言者、魔術師。アーサー王の助言者。強力な魔術師、霊的導師、霊的予言者。錬金術、神的魔術、エネルギーの動き、癒し、予言、占いに力を貸す。

ミネルヴァ　知恵、薬、芸術、科学、商い、戦争のローマ女神。ジュピターの娘。

ヤマ　死と時の神。南のエネルギーをつかさどり、その方角に住む。

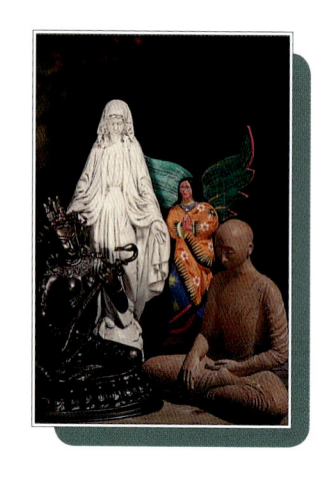

ラクシュミー 富、美、幸運のヒンドゥー女神。

リビティナ 死、および肉体・精神両方の変態のローマ女神。

リンダ ドイツ神話の女神。春を抑えつけようとする冬をあらわす。新しく成長するプロセスは不快だという理由で、成長を抑えようとする人をあらわすこともある。個人的な変化を受け入れる重要さを教える。

ルナ 人格化した月の女神。愛の感情と魔力の充分に具現する。

神、女神、そのほかの神々

ヤントラとマントラ

マントラは心を開放するサンスクリット語の言葉です。体と心と魂に変化を起こさせる、特別な響きを含んでいます。ヤントラとは、微妙なエネルギーを具現する幾何学模様で、それがおかれる場所の環境に影響を与えます。www.vastucreations.com へ行き、メニューバーにある正しいリンク先をクリックすると、それぞれのマントラの音を聴くことができます。惑星のヤントラを見るには、www.vastucreations.com/freeyantras をごらんください。ほかのヤントラも、このウェブサイトで見ることができます。

マントラ	ヤントラ
ガネーシャ・マントラ オム　グン　ガナパタイェ　ナーマハー	ガネーシャヤントラ このヤントラはどの方角にも利用でき、人生の障害物を取りのぞくのを助けます。
木星のマントラ オム　ブリハスパタイェ　ナーマハー	木星のヤントラ 北東と結びついたヤントラ。霊的なつながりを高めるのを助けます。
火星のマントラ オム　マンガーラ　ナーマハー	火星のヤントラ 仕事と経営を向上させたり守ったりするのにもちいます。また悪い習慣を取りのぞくのも助けます。南のエネルギーと結びついたヤントラです。

水星のマントラ オム　ブッダーイェ　ナーマハー	水星のヤントラ 北と結びついているヤントラ。豊かさをさらに増やすためにもちいます。
月のマントラ オム　チャンドラーイェ　ナーマハー	月のヤントラ 関係の引力を強め、北西に宿るヤントラです。
ムルチュンジャヤ・マントラ オム　トリヤンバカム　ヤージャマヘー； スーガンディム　プスティー　ヴァルダナ； ウルヴァルカミヴァ　バンダナット； ムルチョルムクシヤ　マームルタット	ムルユンジャヤ・ヤントラ 癒しをうながす、優れたヤントラ。〈健康と幸せな暮らしの祭壇〉上の東でつかいます。
ラーフ・マントラ オム　ラーフアイェー　ナーマハー	ラーフ・ヤントラ 助けてくれる人びとと宇宙からの助力をもたらすヤントラ。南西でつかいます。
サラスワティー・マントラ オム　アイム　フリム　サラスワティー　デヴァイ　ナーマハー	サラスワティー・ヤントラ 創造と知識のヒンドゥー女神サラスワティー。このヤントラは音楽家や作家の役に立ち、創造性の妨げを除去するのを助けます。〈創造性と知識の祭壇〉上の西で使用します。
土星のマントラ オム　シャニアーイェ　ナーマハー	土星のヤントラ サラスワティー・ヤントラと似ています。創造性のため、あるいは教育と知識をうながすためにつかいます。
シュリー・ラクシュミー・マントラ オム　マハ　ラクシュマヤ　ナーマハー	シュリー・ヤントラ 豊かさを人生へと引きよせるヤントラです。〈繁栄と豊かさの祭壇〉上の北でもちいます。

ガネーシャ・マントラ (シュリ・カリヤ・シッディ・ヤントラと一緒につかいます) オム　グン　ガナパタイェ　ナーマハー	シュリ・カリヤ・シッディ・ヤントラ 願いを成就するためにもちいます。
太陽のマントラ オム　スリイェ　ナーマハー	太陽のヤントラ 健康と幸せな暮らしに影響するヤントラです。祭壇上の東でつかいます。
金星のマントラ オム　シュークライェ　ナーマハー	金星のヤントラ 人生の変化や転換と結びついたヤントラです。人生の転換の困難さを和らげます。

さらに詳しい情報を得るための参考資料

おすすめの図書

Beekman, Howard. *Mantras, Yantras & Fabulous Gems*. Balaji Publishing Company, 1996.

Chopra, Deepak. *Creating Affluence*. New World Library, 1993, San Rafael, CA.
（邦訳『富と宇宙と心の法則』サンマーク出版、2007年1月）

Grudin, Robert. *The Grace of Great Things*. Houghton Mifflin Company, 1990, Boston, MA.

Hall, Cally. *Gem Stones*. Dorling Kindersley, 1994, London, England.
（邦訳『完璧版　宝石の写真図鑑──オールカラー世界の宝石130（地球自然ハンドブック）』日本ヴォーグ社、1996年2月）

Huston, River. *The Goddess Within*. Running Press, 1999, Philadelphia, PA.

Kanitkar, Hemant and Cole, W. Owen. *Hinduism*. NTC Publishing Group, 1995, Lincolnwood, Il.

Ratna, Daivegna, Chawdhri, L.R.. *Practicals of Yantras*. Sagar Publications, 1998, New Delhi, India.

Seth, Kailash Nath and Chaturvedi, B.K.. *Gods and Goddesses of India*. Diamond Pocket Books (P) Ltd., 1998 New Delhi, India.

Telesco, Patricia. *365 Goddesses*. HarperCollins, 1998, New York.

Virtue, Ph,D., Doreen. *Archangels & Ascended Masters* Hay House, 2003, Carlsbad, CA.

Zander, Rosamund Stone and Benjamin. *The Art of Possibility*. Harvard Business School Press, 2000, Boston, MA.
（邦訳『チャンスを広げる思考トレーニング』日経BP社、2002年7月）

このほかにもヴァーストゥ・シャーストラについて書かれた本があります。近くの書店やオンライン書店で探してみましょう。

参考ウェブサイト　　※但しすべて英語のサイトです。

天使論　www.steliart.com/angelology　天使と大天使についての参考ウェブサイト

アンティオキ大学　www.antiochsea.edu　全体設計に関する情報のオンライン連絡先

アートオブリビング財団　www.artofliving.org　コースやプロジェクト、世界各国のセンターリストなど一般的な情報

コンシャストークラジオ　www.conscioustalk.net　ワシントン州のシアトルを基盤とした霊感を刺激される情報たっぷりのトークショー。インターネットで聴くことができる。

神話百科事典　www.pantheon.org　ほとんどの文化の神に関する良質の情報源

ロゴス・リソース・ページ　www.logosresoucepages.org　キリスト教における「ニューエイジ」の定義

マントラ・オンライン　www.sanatansociety.org　オンラインで聴けるマントラの音源。

守護聖人　www.catholicforum.com/saints/patronf.htm　カトリック伝統の聖人に関する資料の情報源

スラジの香　www.caapricornslair.com/stickincense.html　スラジ・マイソール・サンダル・ベイシー——わたしたちの知る最高の香りのインセンス。

エンパワメント・プロジェクト　www.artoflivingseattle.org/wolunteer.htm
アートオブリビング財団シアトル支部が地元で立ち上げた人道的プロジェクト。技能とストレスを減らす技術を教えることによって、社会的・経済的に圧迫されている人たちを力づけて、やる気を出させることがねらい。

ナグ・チャンパ社　www.thenagchampacompany.com　皆に好まれる、香の良いインセンス

セイクリッド・フェミニン　www.thesacredfeminine.com　オンラインで購入できる美しいキャンドル

ヴァーストゥのマントラ、ヤントラ、アイテムなど　www.vastucreations.com　コンサルティング、ワークショップ、祭壇用の品についての情報や、マントラの音源

ヴィヂャ財団　www.vidyafoundation.com　マントラやヤギャ、プージャー、ジョイティッシュ（ヴェーダの）占星術を利用した霊的成長をささえる援助プログラム。

www.ancientegypt.co.uk/gods　エジプト神話の神々

www.arches.uga.edu/-godlas/Sufism.html　イスラム教の教義や実践、歴史についての情報

www.catholicforum.com/saints　カトリックの聖人についての優れた情報

www.fire-serpent.com/cards/mandala.html　美しいヤントラ・カード

www.karunamayi.org　儀式や霊的情報、マントラのＣＤなどの情報

www.novaroma.com　古代ローマの神々に関する情報源

www.quoteland.com　各トピック、作家の引用句

www.sarasarchangels.com　天使界についての情報源

www.sarenamannaircraft.com　本書のなかの写真にある「空飛ぶ貴婦人」像に関する情報

www.thinking.net　システム至高に関する情報

www.wisdomquotes.com　刺激されたり、やる気が起きたりする引用句。

ロビン・マストロ (Robin Mastro)
文学修士、ミルズカレッジ修了、アンティオキア大学にて全体設計学の研究で修士号を取得。世界中の人びとに、自分自身に力をつける祭壇を家や職場で作る方法を指導している。この興味深い新分野で仕事をするなか、エジプトやインドにまで足を伸ばし、神聖な空間についての古代の考え方とヴァーストゥ・シャーストラを研究した。現代生活の質を現実的に高めるために、古代システムの知恵を適用することに専念している。〈AltarWear®〉のクリエイターで、ヴェーダの教えに基づいたアクセサリーや服の型を作っている。

マイケル・マストロ (Michael Mastro)
受賞歴のある建築家、グローバル・コンストラクション代表、ヴァーストゥ・シャーストラの芸術と科学に関する西洋人専門家のリーダー的存在のひとり。35年以上の経験を持つ瞑想家であるマイケルは1970年代の終わり頃、高名な精神指導者、マハリシ・マヘーシュ・ヨーギーからインド、ヨーロッパ、米国に作るスピリチュアル・センターを設計するよう依頼された。マイケルの会社はマイクロソフト社の最初の社屋を、ヴァーストゥ・シャーストラにしたがって方角や配置を利用して設計・建築した。

ロビンとマイケル・マストロ夫妻は、10年以上にわたり、ヨーガ、瞑想などの精神の気づきテクニックをアートオブリビング財団の活動の一部として指導してきた。ヴァーストゥ・クリエイションの共同所有者でもある。夫妻は娘とともにパシフィック・ノースウエスト内の湖のそばに住んでいる。